지금 행복한가요?

행복사전

노현섭

도서출판
청람

여는 글

이 책을 펼친 당신 행복한가요?

사실 나도 행복이 뭔지 잘 모른다. 행복에 대해 조금은 안다고 여기고 살았으나 이 책을 쓰며 실은 잘 모르고 있었다는 것을 새삼 깨달았다. "대부분의 사람은 마음먹은 만큼 행복하다"는 링컨의 말처럼 행복의 비결은 단순할까?

우리는 말에 의지하여 살아간다. 말 중에도 짧지만 여운이 긴 명언이 특히 많이 이야기되고 있다. 대부분의 명언은 부모님이나 교사들이 들려주는 어떤 교훈보다 통찰력이 느껴지는 글이다. 우리보다 뛰어난 위인들이 평생에 걸쳐 깨달은 진리를 모은 것이기 때문이다.

우리는 어떤 말을 책상 앞에 붙여놓기도 하고, 읽던 책 중에서 마음에 남는 말을 노트에 써 두기도 한다. 이러한 말 한 마디 한 마디가 우리 마음에 얼마나 힘이 되고 위안이 되었는지 모른다.

하루하루 열심히 살아온 당신을 위해 내 마음에 와닿고 머리를 맑게 하여 나의 하루하루를 만들어준 글들을 함께 나누고 싶다. 그중에는 누구나 아는 유명한 이의 말도 있고, 인터넷에 떠도는 말도 있으며, 누구의 말인지 출처를 모르는 말도 있다. 중요한 것은 그 말이 우리에게 주는 힘이다. 말 한 마디는 사람의 인생을 바꾸는 힘을 갖고 있다.

같은 말이라도 인생의 경험이 많아질수록 그 깊이가 달라진다. 항상 곁에 두고 읽고 음미할 수 있도록 내게 힘을 주었던 명언을 추려서 이 책을 만들었다. 이 책은 언제 어디서나 함께 하고 싶고, 밖에 나갈 때는 가방 속에 그리고 집에 있을 때는 손 닿을 수 있는 곳에 두고 항상 펼쳐 볼 수 있는 책이었으면 한다. 그래서 이 책과 함께하면 기분이 좋고 마음이 따스해졌으면 좋겠다.

내게 힘을 주었던 좋은 말들이 당신의 삶에도 힘이 되길 바란다. 내 마음에 위로가 되었던 말들이 당신의 마음에도 작은 위로가 되기를 바란다. 당신과 당신의 행복을 위해 대화를 나누고 공감하는 작은 선물이 될 수 있으면 감사하겠다.

아울러 나는 나의 행복을 당신과 고스란히 나누고 싶다. 이 책 마지막 장을 넘기는 순간까지 당신이 행복했으면 좋겠다.

사족

- 이 책에서 나는 명언에 대한 내 생각을 달지 않았다. 명언은 내 생각을 달지 않더라도 이미 명언이고, 내 생각을 달아 당신의 생각에 대해 이래라저래라 하고 싶지 않기 때문이다. 아울러 당신의 생각, 감동이나 경험은 오로지 당신 몫이다.
- 명언의 저자에 대해서는 인터넷 검색을 활용하시기를 권한다. 나는 저자도 중요하지만 말 자체가 더 중요하다고 생각하며, 그 말이 온전히 나와 당신에게 주는 행복과 위안이 중요하다고 생각한다.

차례

인생

인생

당신을 살아 있게 하는 게
뭔지 물어보고
그것을 하라. – **하워드 서먼**

- 인생에서 원하는 것을 얻기 위한 첫 번째 조건은 자신이 원하는 것이 무엇인지 정확히 아는 것이다. **벤 스타인**
- 인생은 흘러가는 것이 아니라 채워지는 것이다. **존 러스킨**
- 분노, 후회, 분함, 죄책감, 비난, 걱정은 하나씩 지워나가라. 그런 다음 건강과 인생을 돌봐라. **찰스 F. 글라스만**

인생에서 가장 중요한 것은

'~하면 좋겠다'라고 말하기를 멈추고

'~할 것이다'라고 말하는 것이다. **– 찰스 디킨스**

- 인생이란 폭풍우가 지나가기를 기다리는 게 아니라, 빗속에서도 춤추는 법을 배우는 것이다. **비비언 그린**
- 인생은 진정 부메랑과 같다. 당신이 준 만큼 받는다. **데일 카네기**
- 인생은 사람의 그릇에 비례해 좁아지거나 넓어진다. **아나이스 닌**
- 인생은 겸손에 대한 오랜 수업이다. **제임스 매슈 배리**

인생은 선택

인생은

태어날 때부터 죽는 날까지

선택의 연속이다. – **장 폴 사르트르**

- 우리는 시행착오를 겪은 뒤 깨닫는다. 이 깨달음이 모여 인생의 지도를 만든다. 인생이란 지금 발을 내디딘 현실에 맞게 머릿속 지도를 수정해 가는 과정이다. **고든 리빙스톤**
- 인생은 B(birth)와 D(death) 사이의 C(choice)이다. **장 폴 사르트르**

인생은 계단

인생에서 가치 있는 것은 모두 오르막이다.
인생에서 가치 있는 것,
당신이 소망하고 이루고 싶은 것,
당신이 누리고자 하는 것은
모두 오르막이다.
문제는 대부분의 사람들이 꿈은 오르막인데,
습관은 내리막이라는 사실이다. - 존 고든

- 나는 계단의 원리를 좋아한다. 아무리 잘해도 한 계단인데 몸 건강하다고 2, 3계단씩 뛰다 보면 언젠가는 부러지게 된다. 올라갈 때도 한 계단, 내려갈 때도 한 계단이다. 삶에서도 여러 계단을 한꺼번에 오를 수는 없다. 그러면 나중에 열 계단씩 한꺼번에 내려앉을 수도 있다. 자만심 때문이다. **최경주**

인생 바꾸기

인생을 바꾸는 방법은 세 가지뿐이다.
시간을 달리 쓰는 것,
사는 곳을 바꾸는 것,
새로운 사람을 사귀는 것,
이렇게 세 가지 방법이 아니면 인간은 바뀌지 않는다.
새로운 결심을 하는 것은 가장 무의미한 행위이다. **– 오마에 겐이치**

- 나만이 내 인생을 바꿀 수 있다. 아무도 날 대신해 줄 수 없다.
  캐롤 버넷
- 인생에서 벌어진 모든 좋은 일은 뭔가가 바뀌었기 때문에 일어났다.
  앤디 앤드루스
- 우리는 누구나 자신의 인생을 바꿀 수 있다. 우리가 원하는 것은 뭐든 할 수 있고, 가질 수 있으며, 또 원하는 그 무엇이 될 수 있다.
  토니 로빈슨

나이

삶의 각 단계에는 걸맞은 특징들이 있다.
어린 시절에는 연약함,
청년에게는 격렬함,
중년에는 무게 있음이,
그리고 노인에게는 무르익음이 그것이다.
시기마다 이런 특징을 갖추어야 자연스러운 삶이다. **– 키케로**

- 나이 먹는 것은 어쩔 수 없지만, 늙은이가 될 필요는 없다. **조지 번스**
- 우리는 인생의 오후를 아침처럼 살 수 없다. 아침에 위대했던 것들이 밤에는 보잘것 없어지고, 아침에 진실이던 것이 밤에는 거짓이 되기 때문이다. **칼 융**
- 나이가 들수록 해보지 않았던 것에 대해서만 후회한다는 것을 발견하게 될 것이다. **자카리 스코트**

시간

인간은 항상 시간이 모자란다 불평을 하면서도,
마치 시간이 무한정 있는 듯 행동한다. **– 세네카**

- 순간들을 소중히 여기다 보면, 긴 세월은 저절로 흘러간다. **마리아 에지워스**
- 시간은 두 가지로 구분할 수 있다. '남을 부러워하다 보낸 세월'과 '바로 이 순간'이다. **호라티우스**
- 우리는 절대 '너무 늦었어'라고 말해서는 안 된다. 새로운 시작을 위한 시간은 언제나 있다. **금언**
- 시간을 어떻게 보내느냐가 그 사람을 규정한다. **조너선 에스트린**

시간의 소중함

당신은 지체할 수도 있지만

시간은 그렇지 않을 것이다. – **벤자민 프랭클린**

- 1년의 소중함을 알고 싶으면 1년 동안 시험 준비해 낙방한 사람에게 물어보고, 1달의 소중함은 1달 부족한 미숙아를 난 산모에게, 1주일의 소중함은 주간지 편집장에게, 하루의 소중함은 하루 벌어서 하루 먹고 사는 가장에게, 1시간의 소중함은 애인을 위해서 1시간을 기다려야 하는 사람에게, 1분의 소중함은 1분차로 비행기를 놓친 사람에게, 1초의 소중함은 1초 차이로 대형참사를 모면한 사람에게, 1/10초의 소중함은 올림픽에서 은메달을 딴 사람에게 물어봐라. **웨인 다이어**
- 모든 것에는 두 가지 시점이 있다. 적절한 시점과 놓쳐버린 시점이 그것이다. **금언**

오늘과 내일

오늘 하루가

당신의 인생에서

가장 아름다운 날이 될 수 있도록

기회를 주라. – **마크 트웨인**

- 내일은 없다고 생각하고 오늘을 살아라. 오늘이 내일이다. **앤드류 카네기**
- 내가 헛되이 보낸 오늘 하루는 어제 죽어간 이들이 그토록 바라던 하루이다. 단 하루면 인간적인 모든 것을 멸망시킬 수도, 다시 소생시킬 수도 있다. **소포클레스**
- 우리 앞에는 지나온 것들보다 훨씬 멋진 일들로 가득하다. **C. S. 루이스**
- 우리는 오늘은 이러고 있지만, 내일은 어떻게 될지 누가 알아요? **윌리엄 셰익스피어**
- '내일부터'라는 말은 '절대 안 할거야'라는 말과 같다.

과거, 현재와 미래

과거는 생각하기 위해,
현재는 일하기 위해,
미래는 즐거움을 위해 존재한다. – 벤자민 디즈데일리

- 신도 과거는 바꿀 수 없다. **아가톤**
- 미래는 현재 우리가 무엇을 하는가에 달려 있다. **마하트마 간디**
- 미래는 여러 가지 이름을 가지고 있다. 약한 자들에게는 불가능이고, 겁 많은 자들에게는 미지(未知)이며, 용기 있는 자들에게는 기회이다. **빅토르 위고**
- 미래는 기다려서는 안 되며 우리 스스로 만들어야 하는 것이다. **시몬 베유**

삶

피할 수 없다면 받아들여라 **– 윌리엄 셰익스피어**

- 삶의 이유를 아는 사람은 삶의 방식은 어떻게든 견딜 수 있다. **프리드리히 니체**
- 삶을 단순화하는 게 가장 힘들다. 복잡하게 하기는 쉽다. **이본 쉬나드**
- 인간은 나서, 사랑하다 죽는다. **브로니슬라브 말리노프스키**
- 일단 삶이 힘들다는 사실을 받아들일 때 우리는 성장을 시작한다. 우리는 또한 모든 문제가 기회란 점을 이해하기 시작한다. 그때 우리는 자신의 내면을 깊게 파고들어 가서 자신이 어떤 사람인지 비로소 알게 된다. **할 어반**
- 수학이 단순하다는 걸 믿지 않는 사람들은 인간의 삶이 얼마나 복잡한지를 깨닫지 못하기 때문이다. **존 폰 노이만**

선택과 후회

서글픈 인생은

'할 수 있었는데',

'할 뻔했는데',

'해야 했는데'라는

세 마디로 요약된다.

- 당신이 선택한 모든 것에서 즐거움을 찾아라. 일, 관계, 집 …, 그것들을 좋아할지 바꿀지는 당신의 책임이다. **척 팔라닉**
- 과거를 돌아볼 때 가장 후회되는 일이 무엇이냐고 묻자 네 명 중 세 명이 어떤 일을 하지 않았던 것을 후회했고, 기회가 있을 때 놓친 것을 아쉬워했다. 반대로 어떤 일을 해서 후회했다는 응답자는 4분의 1에 불과했다. 인간은 한 일을 후회하기보다는 하지 않은 일을 더 많이 후회하는 법이다. **토머스 길로비치**
- 인간이 사용하는 가장 슬픈 말은 "아, 그때 해볼걸!"이다.

우연과 필연

우리의 예측이 맞지 않는 것을

우리는 우연이라 부른다. – **알버트 아인슈타인**

- 우연과 필연 무슨 일이든 원인과 환경요인들이 서로 얽히고 설킨 가운데 터질 만하니까 터진 것이다. **이장규**
- 어떤 승리자도 우연을 믿지 않는다. **프리드리히 니체**
- 우연은 베일에 쌓여 있는 필연이다. **마리 폰 에브너 에센바흐**
- 우연은, 신이 익명으로 여행을 할 경우에 나타난다. **미셸 투르니에**
- 사람의 일에 이유와 원인이 없는 것은 거의 없다.

운명

우리는 스스로 만든 행복과 불행을
운명이라 부른다. – **벤자민 디즈데일리**

- 인간은 인생의 실수들을 모두 모아 쌓아 놓고선 그들이 운명이라 부르는 괴물을 창조한다. **존 올리버 홉스**
- 세상을 바라보는 방식이 그 사람의 운명을 결정한다. **알버트 슈바이처**
- 운명은 과거에 우리가 한 일에 불과하다. **랄프 월도 에머슨**
- 성격이 운명이다. **헤라클레이토스**
- 운명은 과감한 자의 편을 든다. **데시데리위스 에라스뮈스**
- 운명의 멱살을 잡고 싶다. **루트비히 판 베토벤**

여유와 휴식, 바쁨

도저히 쉴 시간이 없을 때가
바로 쉬어야 할 때다. – 시드니 해리스

- 한가함이란 아무것도 할 일이 없어졌다는 것이 아니라 무엇이든지 할 수 있는 여유가 생겼다는 뜻이다. **플로이드 델**
- 시간에게 시간을 주어라. **이탈리아 격언**
- 바쁜 것을 영광으로 여기는 걸 그만둬라. **가이 카와사키**
- 쉬기에 너무 바쁜가. 일이 쌓여 있는가. 그렇다면 지금이 바로 눈 딱 감고 쉴 때다.

고통과 시련

인생은 고통이다.
그렇지 않다고 뭔가 다르게 말하는 사람은
뭔가를 팔려는 사람이다. **– 윌리엄 골드먼**

- 사랑이 있는 곳에 고통이 있다. **덴마크 속담**
- 우리가 행복하게 산다는 것은 '가능한 한 괴롭지 않게, 간신히 견디면서 산다'는 뜻이다. **아르투어 쇼펜하우어**
- 사랑하는 능력이 커질수록 고통을 느끼는 능력도 커진다. **제니퍼 애니스톤**
- 세상은 고통으로 가득하지만 그것을 이겨내는 것으로도 가득 차 있다. **헬렌 켈러**
- 시련의 이유를 알면 고통은 멈춘다. **빅터 프랭클**
- 부당하게 받은 고통은 반드시 보상된다. **마틴 루터 킹**

병과 죽음

동방의 한 임금이 인간에 대해 알고 싶어 나라에서 가장 지혜로운 현자를 불러 인간에 대해 알려주는 500권의 책을 가져오라고 명했다. 그러나 왕은 나라 일로 너무 바빠 현자가 가져온 500권의 책을 읽을 시간이 없었다. 다시 현자를 불러 500권의 책을 요약해서 가져오라고 명했다.

20년 후, 현자는 인간에 대한 500권이 책을 요약해서 50권으로 만들어 가져왔다. 임금은 이제 나이가 들어 책을 보는데 어려우니 더 줄여 오라고 했다. 그렇게 또 20년의 세월이 지나, 백발이 된 현자는 딱 1권의 책으로 줄여 왔다. 이제 죽음을 눈앞에 둔 임금은 정신이 혼미해서 이 책마저 도저히 읽을 수 없었다. 그래서 거의 죽어가는 목소리로 인간에 대해 더 줄일 수 없느냐고 물었다. 이에 현자는 다음과 같이 한 줄로 요약해서 곧바로 가져왔다고 한다.

"인간이 태어나서, 고생하다, 죽는다."

- 불치병은 없다. 다만 불치의 환자가 있을 뿐이다. **버니 시겔**
- 죽음을 그토록 두려워 말라. 못난 인생을 두려워하라. **베르톨드 브레히트**
- 하루 만 번씩만 감사하면 못 고칠 병이 없다.

신념

생각

생각하는 대로 살지 않으면
사는 대로 생각하게 된다. **– 폴 부르제**

- 다르게 생각하라. **스티브 잡스**
- 인생은 될 대로 되는 것이 아니라 생각대로 되는 것이다. 생각하지 않고 살아가면 살아가는 대로 생각한다. **조엘 오스틴**
- 생각하는 것을 죽기보다 싫어하는 사람이 많다. 실제로 그들은 생각 없이 죽어갈 것이다. **버트란트 러셀**
- 모든 사람이 똑같이 생각하게 될 때, 모두가 틀릴 가능성이 높아진다. **피터 번스타인**

좋은 생각을 떠올릴 수 있는 최상의 방법은
많은 생각을 하는 것이다. **– 라이너스 폴링**

- 생각을 바꾸면 세상도 바뀐다. **노먼 빈센트 필**
- 작은 것만 생각하면 사람도 작아진다. 큰 것을 생각하면 사람도 커진다. **금언**
- 생각이 있는 사람 한 명은 생각이 없는 사람 열 명을 상대해도 항상 이길 수 있다. **조지 버나드 쇼**
- 무언가가 싫다면 그것을 바꾸세요. 그럴 수 없다면 그것에 대한 당신의 생각을 바꾸세요. **메리 엥겔브라이트**

생각 바꾸기

우리는 하루에 대략 5만에서 6만 가지 생각을 한다.
그런데 문제는 그 생각 중에서
85%는 부정적인 생각이며,
단 15%만이 긍정적인 생각이다.
우리는 하루 대부분을 부정적인 생각과 싸우고 있다.

– 쉐드 햄스테드

- 앞을 보지 못하는 것은 장애가 아니라 조금 불편할 뿐이다. 내게는 밤에도 불을 켜지 않고 책을 볼 수 있으며, 원고가 아닌 청중을 보며 연설할 수 있는 장점이 있다. **데이비드 블렁킷**

생각의 차이

2할 9푼을 치는 타자와 3할 타자의 차이는 단순하다.
2할 9푼 타자는 4타수 2안타에 만족하지만
3할 타자는 여기에 만족하지 않고
4타수 3안타 또는 4타수 4안타를 치기 위해
타석에 들어선다.* – **장훈**

• 1군 선수와 2군 선수의 차이는 패했을 때 나타난다. 2군 선수들은 패하고서도 웃으면서 운동장을 나서는 반면, 1군 선수들은 얼굴이 심각하게 굳어 있다. 성적이 안 좋을 때 자신에게 불같이 화를 낼 줄 아는 사람이 진정한 프로다. **하일성**

* 2할 9푼과 3할 타자의 차이는 100번에 한 번 더 안타를 치느냐의 차이지만, 그들이 받는 대우는 엄청난 차이가 있다.

가치

무엇이든 그 값어치는
우리가 그것을 위해 내놓으려고 하는
인생의 분량과 같다. **– 헨리 데이비드 소로**

- 가치 있는 모든 것에는 위험이 따른다. **리 아이아코카**
- 너는 네 생의 길이에 대해서는 아무것도 할 수 없다. 그러나 넓이와 깊이에 대해서는 무언가 할 수 있다. **헨리 루이스 멘켄**

믿음과 신뢰

당신이 듣는 말 중에서 가장 중요한 것은
자신에게 하는 말,
즉 당신이 스스로에게 속삭이는 믿음이다. – 마리사 피어

- 자기 신뢰는 성공의 첫째 비결이다. **랄프 월도 에머슨**
- 스스로를 신뢰하라. 여러분은 여러분이 안다고 생각하는 것보다 더 많이 안다. **벤저민 스폭**
- 성공의 비결 가운데 하나는 자신에 대한 무조건적인 신뢰였다. **헨리 포드**
- 스스로를 신뢰하는 사람만이 다른 사람에게 성실할 수 있다. **에리히 프롬**
- 타인에 대한 신뢰는 자기 안의 자신감에서 생긴다. **라 로슈푸코**
- 사랑보다 신뢰의 대상이 되는 게 더 큰 영광이다. **조지 맥도널드**

모든 사람에 대해 좋은 말만 하는 사람은
절대 신뢰하지 마라. –존 콜린스

• 오랜 경험으로 내가 발견한 것은 아무도 신뢰하지 않는 사람은 누구의 신뢰도 받지 못하는 사람이라는 것이다. **모리스 맥밀런**
• 지나친 신뢰 때문에 속임을 다할 수 있으나 불충분한 신뢰는 고통스러운 삶을 살게 한다. **프랭크 크레인**
• 어떤 사람을 믿을 만한 사람으로 만드는 유일한 방법은 그를 신뢰하는 것이다. **헨리 스팀슨**
• 신뢰는 정말로 장기적인 성공의 열쇠이다. **에드먼드 버크**

진실과 거짓

중요한 것은
누가 옳은가가 아니라
무엇이 옳은가이다. **– 토마스 헉슬리**

- 누구에게나 공통된 유일한 의무는 자기 자신에게 진실해야 한다는 것이다. **리처드 바크**
- 진실의 화살을 쏠 때는 화살촉에 꿀을 묻혀라. **아랍 속담**
- 진실은 무기 없이 세상을 걸어 다닌다. **베두인족 속담**

첫인상에 좌우되지 마라.

거짓은 늘 앞서 오는 법이고,

진실은 뒤따르는 법이다. – **발타사르 그라시안**

- 진실이 신발을 신는 동안 거짓은 세상을 반 바퀴 돌 수 있다. **마크 트웨인**
- 사람들은 속마음을 털어놓지 않는데 그건 그렇게 하는 것이 속마음을 털어놓는 것보다 더 쉽기 때문이다. **잭 웰치**

진리와 거짓말

진리는 의심할 바 없이 아름답다.

물론 거짓말도 그렇다. – **버지니아 울프**

- 확신을 가진 진리는 거짓말보다 더 위험한 적이다. **프리드리히 니체**
- 진리의 시간이 오면 오로지 한 가지밖에 남지 않는다. 즉, 거짓말을 하고, 거짓말을 하고, 거짓말을 하기. **페렌츠 몰나르**
- 거짓말은 진리를 대신할 수 있는 나쁜 대용품이지만 지금까지 발견된 유일한 대용품이기도 하다. **앨버트 허버드**
- 왜 사람들은 진리에 대하여 그토록 완강하게 저항하는 것일까? 그것은 진리라고 꾸며대는 수많은 가짜 진리로부터 손해를 입지 않기 위해서이다. **페터 알펜베르크**

진리란,

우리가 범하는 오류가 바뀔 때마다

붙여주는 이름이다. – **라빈드라나트 타고르**

- 눈으로 보면 믿게 되지만, 가슴으로 느끼면 그게 곧 진리다. **토마스 플러**
- 절반의 진리는 완전한 실패를 보증한다. **루돌프 아우그슈타인**
- 진리는 논쟁의 대상이 되는 즉시 독선으로 탈바꿈한다. **G. K. 체스터턴**
- 오래된 진리에 대해서는 사람들이 무심하지만 새로운 진리에 대해서는 저항을 한다. **다니엘 슈피쳐**
- 우리는 진리를 다수와 혼동해서는 안된다. **장 콕토**

확신과 의심

확신을 가져라,
아니 확신에 차 있는 것처럼 행동하라.
그러면 차츰 진짜 확신이 생기게 된다. **– 빈센트 반 고흐**

- 절대로 고개를 떨구지 말라. 고개를 쳐들고 세상을 똑바로 바라보라. **헬렌 켈러**
- 사람 안에서 가장 빨리 자라는 것이 의심과 두려움이고 가장 늦게 자라는 것이 믿음과 희망이다. 의심과 두려움은 버려두어도 잘 자라고, 믿음과 희망은 보살피지 않으면 곧 시들어버린다. **조정민**
- 만약 누군가가 확신을 가지고 일을 시작한다면 그는 의심을 하면서 일을 끝내게 될 것이다. 그러나 그가 의심을 품고 일을 시작한다면 확신을 갖고 그 일을 끝낼 것이다. **프랜시스 베이컨**

이상

이상은 별과 같다.
우리는 결코 별에 도착하지 못하지만
바다의 항해사들처럼
그걸 보고 우리의 나아갈 길을 결정한다. – **칼 슈츠**

- 이상이 숭고한 이유는 그것이 초월적이어서가 아니라 우리에게 넓은 관점을 제시해주기 때문이다. **에밀 뒤르켐**
- 고상하고 이상적인 동기에 따라 행동하지 않은 시대는 결코 위대한 적도 없고 또 위대해질 수도 없다. **앨프리드 노스 화이트헤드**
- 냉소주의자는 맛이 간 이상주의자다. **앰브로즈 비어스**

종교

종교가 있건 없건
좋은 사람은 좋은 일을 할 것이요,
나쁜 사람은 나쁜 일을 할 것이다.
그러나 좋은 사람들이 나쁜 일을 하도록 하게 만드는 것이
종교다. **– 스티븐 와인버그**

- 우리에겐 서로 미워할 만큼의 종교는 있으나 서로 사랑할 만큼의 종교는 없다. **조나단 스위프트**
- 사람들은 종교를 위해 말다툼하고, 글을 쓰고, 전쟁을 하고, 죽기도 하지만 단 한 가지가 없다. 사람들은 종교를 위한 삶을 살지는 않는다. **찰스 케일럽 콜튼**
- 한 나라의 힘은 그 나라의 종교적 신념에서 나온다. **존 캘빈 쿨리지**
- 신앙은 입증되지 않은 것을 믿는 게 아니라 조건 없이 신뢰하는 것이다. **엘턴 트루블러드**
- 종교 없는 과학은 절름발이이고 과학 없는 종교는 맹목이다. **알버트 아인슈타인**

감정

마음

싫은 일은 참지 말고
적극적으로 나서서 부딪쳐라.
그 것이 마음이 편해지는
첫걸음이다. – **에밀 사르티에**

- 마음의 문을 여는 손잡이는 마음의 안쪽에만 달려 있다.
  게오르크 빌헬름 프리드리히 헤겔
- 마음은 팔고 사지는 못하지만 줄 수는 있는 재산이다. **G. 플로베르**

희망

내게 희망의 근거는 단순하다.
우리는 다음에 벌어질 일을 모른다는 것,
세상에는 있을 법하지 않은 일과 상상할 수 없었던 일이
꽤 자주 벌어진다는 것. **- 리베카 솔닛**

- 살아 있는 동안에는 희망이 있다. **키케로**
- 희망은 나쁜 것들 중에서도 가장 나쁘다. 희망은 인간의 고통을 연장하기 때문이다. **프리드리히 니체**
- 희망이 없었던 이에겐 절망도 없다. **조지 버나드 쇼**
- 건강한 사람에게는 희망이 있고 희망이 있는 사람은 모든 것을 가진 것이다. **아랍 속담**
- 희망이란 본래 있다고도 할 수 없고 없다고도 할 수 없다. 그것은 마치 땅 위의 길과 같은 것이다. 본래 땅 위에는 길이 없었다. 걸어가는 사람이 많아지면 그것이 곧 길이 되는 것이다. **루신**

절망

고개를 숙이고 있으면
무지개를 발견할 수 없다. – 찰리 채플린

- 절망하지 마라! 종종 열쇠 꾸러미의 마지막 열쇠가 자물쇠를 연다. **필립 체스트필드**
- 신은 다시 일어서는 법을 가르치기 위해 넘어뜨린다고 나는 믿는다. **장영희**
- 눈물 젖은 눈으로는 미래를 볼 수 없다. **미국 나바호족 인디언 속담**
- 절망스러운 상황은 없다. 절망한 사람만이 있을 뿐이다. **클레어 루스**
- 절망은 늘 고독과 함께 한다. **윌리엄 셰익스피어**

간절함

기대하는 대로 얻는다. **–앤드류 매튜스**

• 간절히 원하면 반드시 이루어진다. 그러나 너무 많은 것을 바라면 하나도 제대로 이룰 수 없다. 고르고 또 고르고, 버릴 만큼 최대한 버리고, 마지막 남은 그 하나를 간절히 바라고, 간절한 만큼 모든 것을 쏟아붓는다면 누구나 반드시 원하는 것을 이룰 수 있다. **조영탁**

기쁨과 슬픔

기쁨은 잠시도 머물지 않고
날개를 펼쳐 날아가 버린다. – 마르쿠스 마르티알리스

- 슬픔은 사람을 진실하게 만든다. **헨리 워드 비처**
- 행복은 몸에는 좋지만, 정신력을 키우는 것은 슬픔이다. **마르셀 프루스트**
- 불행이 닥쳤을 때 좋았던 시절을 떠올리는 것보다 더 큰 슬픔은 없다. **단테**
- 슬픔이 아직 생생한데 회피하면 문제가 더 악화될 뿐이다. 슬픔이 완전히 소화할 때까지 기다려야 한다. 그래야 남아 있는 슬픔을 즐거움으로 제거할 수 있다. **사무엘 존슨**
- 슬픔의 새가 머리 위를 나는 것을 막지는 못하지만 당신의 머릿속에 둥지를 트는 것은 막을 수 있다. **중국 속담**

상처

받은 상처는 모래에 기록하고

받은 은혜는 대리석에 새기라. **–벤자민 프랭클린**

- 칼에는 두 개의 날이 있지만, 사람의 입에는 백 개의 날이 있다. 그래서 말을 잘못 사용하면 남들에게 그렇게 많은 아픈 상처를 남긴다. 그리고 이 상처는 되돌아와 나 자신에게 남기게 된다. **조명연**
- 웃음은 위로 올라가 증발되는 성질을 가졌지만 슬픔은 밑으로 가라앉아 앙금으로 남는다. 이처럼 슬픔은 기쁨보다 오래가는 성질을 가졌는데 사람들은 그것을 상처라고 부른다. **공지영**

그리움

사람은 없어 봐야 그 빈 자리를 안다.
그 사람의 빈 자리가 드러나면서 다가오는
서글픔과 불편함…
그것은 때론 그리움으로 이어지지 않던가. – **한수산**

• 그리움이 채워지는 때는 매우 드물다. 왜냐하면 항상 하나의 그리움만 채워지니까. **헤르만 바르**

분노

분노는 회상만 해도 점화된다. – **데시데리위스 에라스뮈스**

- 분노로 시작한 것은 부끄러움으로 끝나기 마련이다. **벤자민 프랭클린**
- 힘이 받쳐주지 않는 분노는 어리석은 것이다. **독일 속담**
- 내일로 미루어야 할 유일한 것은 분노다. **체코 속담**
- 분노는 순간적으로 정신이 나가는 것이기 때문에 분노를 통제하지 않으면 분노가 여러분을 통제한다. **조지 트리벨리언**

어떻게 화를 내야 되는지 모르는 사람은

어떻게 하는 게 훌륭한 것인지 모른다. – 헨리 워드 비처

- 현자는 재빨리 단 한 번 화내야 한다. **페블릴리우스 시루스**
- 누구든 화를 낼 수 있다. 그러니 올바른 대상에게 올바른 방법으로 올바른 시간에 올바른 목적으로 올바르게 화내는 것은 아무나 할 수 있는 쉬운 일이 아니다. **아리스토텔레스**
- 자신을 화나게 했던 행동을 다른 이에게 행하지 말라. **소크라테스**

걱정

걱정해서

걱정이 없어지면

걱정이 없겠네. **– 티벳 속담**

약간의 근심, 고통, 고난은 삶에 반드시 필요한 양념이다. 바닥에 짐을 싣지 않은 배는 불안정하여 곧잘 나아갈 수 없다.

아르투어 쇼펜하우어

두려움

무서워해도 괜찮다.

무섭다는 건 이제 당신이 진짜 용기를 낼 참이라는 뜻이니까.

– **맨디 헤일**

- 두려움 자체에는 아무 문제가 없다. 문제가 있다면 두려움 때문에 무력해지는 것이다. **파울로 코엘료**
- 겁쟁이는 자기를 신중하다고 말한다. **페블릴리우스 시루스**
- 당신이 원하는 모든 것은 두려움 저편에 존재한다. **잭 캔필드**
- 두려움만큼 두려운 것은 없다. **헨리 데이비드 소로**

미움과 질투

친구가 성공할 때마다 나는 조금씩 죽는다. **– 고어 비달**

- 누군가를 미워하고 있다면, 그 사람의 모습 속에 보이는 자신의 일부분을 미워하는 것이다. 나의 일부가 아닌 것은 거슬리지 않는다. **헤르만 헤세**
- 질투하는 사람은 재능있는 사람을 결코 용서하지 않는다. **피에르 코르네유**
- 어떤 사람에 대해 진정으로 알려면 그를 사랑도 해보고 미워도 해봐야 한다. **마르셀 주앙**
- 질투는 사랑하는 대상을 지키는 것처럼 가장하면서 그 대상을 죽여버리는 용이다. **해블록 엘리스**
- 질투는 사랑이라는 나무를 휘감아서 가지를 마르게 하고 뿌리까지 못 쓰게 하는 독성의 덩굴과 같다. **W. 베란 울프**

동정

다른 사람이 행복하기를 바란다면 동정심을 발휘하라.

자신이 행복하기를 바란다면 동정심을 발휘하라. – **달라이 라마**

- 인간이 도달할 수 있는 최고 형태의 이해는 웃음과 동정심이다.

리처드 파인만

이기심과 부끄러움

이기심이란 내가 원하는 대로 사는 게 아니라
타인에게 내가 원하는 방식대로 살라고 요구하는 것이다.

– 오스카 와일드

- 사실은 자기가 틀렸다는 것을 모르고 자기만 옳다고 큰소리친다면 이 얼마나 부끄러운 일인가. **이케다 아키코**

기분과 감정

감정은 이성이 모르는 자기만의 법칙을 갖고 있다. **– 블레즈 파스칼**

- 모든 사람들은 이성의 인식과 감정의 요구 사이에서 끊임없는 전투를 벌이고 있다. **오프라 윈프리**
- 사람들은 당신이 했던 행동은 기억하지 못해도, 그로 인해 기분이 어땠는지는 절대 잊지 못한다. **칼 W. 뷰너**

행복

행복

행복을 위해서는
해야 할 일,
사랑하는 사람,
희망이 있어야 한다. – **임마누엘 칸트**

- 남을 행복하게 하는 데 은퇴란 없다. **커넬 샌더스**
- 최고의 행복은 사랑받고 있다는 확신에서 온다. '~이기 때문에'가 아니라 '~에도 불구하고' 사랑받고 있다는 확신이 바로 그것이다. **빅토르 위고**
- 인생에서 행복은 딱 한 가지이다. 사랑하고 사랑받는 것이다. **조르주 상드**
- 당신이 잘하는 일이라면 무엇이나 행복에도 도움이 된다. **버트란트 러셀**

행복은 좇으면 손에 잡히진 않지만

가만히 앉아 있으면 살며시 내려앉는 나비와 같다. – **나다니엘 호손**

- 행복에는 날개가 있어 붙들어두기란 쉽지 않다. **프리드리히 실러**
- 행복은 마치 안경과 같다. 나는 안경을 보지 않는다. 그렇지만 안경은 나의 코 위에 있다. 이렇게도 가까이! **쿠르트 호크**
- 행복은 향수와 같다. 내 몸에 몇 방울 뿌리지 않고서는 다른 이들을 뒤덮을 수가 없다. **랄프 월도 에머슨**
- 행복은 그것을 두 손안에 꽉 잡고 있을 때는 몹시 작아 보이나 그것을 풀어주고 나면 얼마나 크고 귀중한 것인지 비로소 알 수 있다. **막심 고리키**
- 행복의 한 문이 닫히면 다른 문이 열린다. 그러나 우리는 닫힌 문만 오랫동안 바라봄으로써 이미 우리에게 열려진 다른 문을 보지 못한다. **헬렌 켈러**

자신이 행복한지
스스로에게 묻는 순간
행복하지 않게 된다. **–존 스튜어트 밀**

- 행복 찾기는 불행의 주된 원인 중 하나다. **에릭 호퍼**
- 행복은 자신을 받아들이는 것, 즉 자신을 평가하는 것에서 벗어나는 것이다. **로버트 홀든**
- 행복한 삶의 비밀은 올바른 관계를 형성하고 그것에 올바른 가치를 매기는 것이다. **노먼 토머스**
- 행복하려면 남들에 대한 지나친 관심을 갖는 것은 금물이다. **알베르 카뮈**
- 언제나 초심자와 같은 마음가짐으로 매 순간을 새롭고 신선하게 인식할 때, 우리는 비로소 행복한 경지를 맛본다. **조지프 골드스타인**
- 행복의 비결은 포기할 것을 일찌감치 포기하는 것이다. **앤드류 카네기**

이따금 행복을 좇는 걸 멈추고

그냥 행복해하는 것도 좋지 않은가. – **기욤 아폴리네르**

- 사람은 마음먹기에 따라 행복하기도 하고 불행하기도 한다. **미셸 몽테뉴**
- 대부분의 사람들은 마음먹은 만큼 행복하다. **에이브러햄 링컨**
- 우리는 행복이란 제품을 만들 수 있는 재료와 힘을 자기 자신의 내면에 지니고 있으면서도 기성품의 행복만을 찾고 있다. **알렝 드 보통**
- 갖고 싶어도 가질 수 없는 것이 존재함을 아는 것이 바로 행복의 필수조건이다. **버트란트 러셀**
- 모자라는 것을 채워가는 것이 행복이다. **로버트 프로스트**
- 나누지 않는 행복은 행복이 아니다. **보리스 파스테르나크**
- 고통을 어떻게 바라보는가가 행복을 결정한다. **조지 베일런트**

만족

작은 것으로 만족하기는 힘들고,
많은 것으로 만족하기는 불가능하다. **–마리 폰 에브너 에센바흐**

- 한 번 거둔 성공에 자족하는 것은 눈밭에서 쉬는 것처럼 위험하다. 당신은 꾸벅꾸벅 졸다가 죽게 된다. **루트비히 비트겐슈타인**
- 수많은 만족은 만족을 포기함으로써 얻게 된다. **데틀레프 폰 릴리엔크론**
- 만족은 그것에 대해 툴툴거리는 누군가가 없으면 불완전하다. **피터 셀러스**

불행

불행한 사람은 언제나 자기가 불행하다는 것을 자랑삼고 다니는 사람이다. **– 버트란트 러셀**

- 인간이 불행한 이유는 자신이 행복하다는 사실을 모르기 때문이다. 단지 그것뿐이다. **표도르 도스토예프스키**
- 현명한 사람은 큰 불행을 작게 처리하고, 어리석은 사람은 조그마한 불행도 현미경으로 확대하여 스스로 큰 고민 속에 빠져 들어간다. **라 로슈푸코**
- 불행 속에서 흘려보낸 모든 순간은 바로 잃어버린 행복의 순간이다. **레오 버스카글리아**
- 할 것인가?, 말 것인가?, 시도해야 하는가?, 포기해야 하는가? 용감하든 그렇지 않든 우리는 대부분 하지 않는 쪽을 선택한다. 고민하는 내내 '불확실하다'와 '실패할 것이다'라는 문장이 머릿속에서 무서운 경고처럼 떠다니기 때문이다. 그래서 우리는 아무것도 하지 않는 '불행'을 선택한다. **팀 페리스**

불만과 불평

한 곳에서 불만인 사람이
다른 곳에서 행복하지는 않다. – 이솝

- 비판하거나 불평하는 것은 어떤 바보라도 할 수 있고, 대다수의 바보들이 그렇게 한다. **벤자민 프랭클린**
- 두 눈을 감고 있으면서 어둡다고 불평하지 마라. **파울로 코엘료**

욕구, 욕망과 욕심

가지지 못한 것에 대한 욕망으로
가지고 있는 것을 망치지 마라.
지금 가진 것이 한때는 간절히 바랐던 것이었음을 기억하라.

– **에피쿠로스**

- 대부분의 욕구는 무례함이다. **페터 알펜베르크**
- 욕망은 욕망의 대상이 되는 것에 찬성하는 행위이며, 거절은 경멸을 뜻한다. **귄터 안더스**

외로움

미국의 어느 통계에 따르면, 양로원에서 노후를 외롭게 보내는 노인에게는 몇 가지 공통점이 발견된다고 한다.

첫째, 스케이트를 탈 줄 모른다. 다칠까 봐.

둘째, 자전거를 탈 줄 모른다. 무서워서.

셋째, 수영을 배우지 못했다. 죽을 수 있으니까.

넷째, 먼 곳으로 여행하지 못했다. 겁이 나서.

그분들이 외로울 수밖에 없는 이유는 나이가 들어서가 아니었고, 힘이 빠져서도 아니었다. 다칠까 봐 피하고, 무서워 피하고, 죽을 수 있으니까 피하고, 겁이 나서 피하고…. 이렇게 피하기만 하다 보면 결국 자신이 할 수 있는 것은 아무것도 없다. 그래서 외로울 수밖에 없는 것이다. – 조명연

비교

자신의 삶을 정말 불행하게 만들고 싶다면
자기 자신을 다른 사람과 비교하라. – **댄 그린버그**

- 사람의 불행과 행복을 좌우하는 것은 비교이다. **금언**
- 단지 행복해지려고만 한다면 쉽게 행복해질 수 있다. 그러나 우리는 다른 사람보다 더 행복해지기를 바란다. 남들보다 행복해지는 것은 항상 어려운 일이다. 왜냐하면 우리는 다른 사람들이 실제보다 더 행복하다고 믿기 때문이다. **몽테스키외**

나는 신발이 없어 우울하다.

그런데 거리에서 발이 없는 사람을 만났다. – 데일 카네기

- 나는 내가 가지지 못한 것을 보고 불행하다고 생각한다. 그러나 다른 사람들은 내가 가진 것을 보고 행복하리라 생각한다.

  조제프 루이 라그랑주

- 일반적으로 행복한 사람들은 상향비교보다 하향비교를 더 많이 한다. 상황이 어찌 되건 간에 이들은 더 안 좋은 상황의 사람들을 본다. 그리고 자신이 얼마나 복 받았는지를 깨닫는다. 이들은 다른 사람들이 가진 것에 집착하기보다는 자신이 가진 것에 감사하는 법을 배웠다.

  앤프레드 케츠 드 브리스

감사

나는 매일 아침 눈을 뜨며 이렇게 묵상한다.
'눈이 보인다. 귀가 즐겁다. 몸이 움직인다.
기분도 괜찮다. 고맙다. 인생은 참 아름답다'. **- 쥘 르나르**

- 오늘 나는 행복한 사람이 될 것을 선택하겠다. 나는 어떤 상황에서도 나의 삶에 감사하겠다. **안네 프랑크**
- 무엇을 하든 잘 풀리는 사람과 무엇을 해도 일이 꼬이는 사람의 가장 큰 차이는 감사이다. 보통 사람들은 좋은 일이 생길 때만 감사한다. 그래서 감사하는 횟수가 매우 적다. 세상에 성공한 사람들이 적은 까닭은 이렇게 모든 일에 감사할 줄 아는 사람이 드물기 때문이다. **미야모토 마유미**
- 우리 일상에는 감사할 일들이 너무 많다. 그러나 우리는 이 사실을 자주 잊어버리곤 한다.

감사가 진짜 선물인 이유는

더 감사할수록

더 큰 선물이 된다는 점이다. – **로버트 홀든**

- 감사할 이유를 찾지 못한다면 그 잘못은 전적으로 당신에게 있다. **미국 인디언 격언**
- 지금까지 살아온 내 인생에 감사할 수 없으면 앞으로 살아갈 남은 인생에도 감사하기 어렵다. 감사는 버릇이다. **조정민**
- 모든 것이 가까이에서 시작한다. **백범 김구**

관계

관계

내가 성공할 수 있었던 것은
나의 학문적 지식이 아니라
좋은 인간관계가 있었기 때문이다. **– 스티븐 케이시**

- 어떤 관계에서 이기심을 전부 덜어내면 사랑이 남는다. **닉 리처드슨**
- 인간관계를 빼면 그 어떤 즐거움의 희망도 없다. **앙투안 드 생텍쥐베리**
- 세상을 살아가는 기술 가운데 90%는 내가 싫어하는 사람과 잘 지내는 방법에 대한 것들이다. **새무얼 골드윈**
- 내게 가장 쉬운 관계는 1만명과 맺는 관계다. 가장 어려운 관계는 일대일 관계다. **존 바에즈**
- 죽음으로 삶은 끝나지만 관계는 끝나지 않는다. **모리스 슈워츠**

관계 끊기

행복해지려면?

타인과 지나치게 관계하지 말아야 한다. **– 알베르 카뮈**

• 사람이 일생 동안 대인 관계를 증가시키는 데는 관계를 맺을 뿐 아니라 끊을 줄 아는 능력, 단체에 가입할 뿐만 아니라 탈퇴할 줄 아는 능력이 있어야 한다. **앨빈 토플러**

사람

나쁜 일이 생기면 그것은 나 때문에,
괜찮은 일이 생기면 그것은 우리 때문에,
정말 좋은 일이 생기면 그것은 당신 때문에,
이 세 가지 생각이야말로
좋은 사람을 얻기 위한 모든 것이다. **– 폴 베어 브라이언트**

- 좋은 사람을 만나는 것은 신이 내린 선물이다. 그 사람과의 관계를 지속시키지 않는 것은 신의 선물을 내팽개치는 것이다.
데이비드 팩커드
- 파란 하늘, 흰 구름, 호기심으로 반짝이는 아이의 눈동자, 그것들을 보는 우리의 두 눈, 이 모두가 진짜 기적이다. **틱낫한**

혼자와 우리

빨리 가고 싶으면 혼자 가라.

그러나 멀리 가고 싶으면 함께 가라. **-아프리카 속담**

- 자기에 관한 관심을 뛰어넘어 상대방의 처지에서 그 사람을 바라볼 수 있을 때, 비로소 상대방을 알 수 있다. **에리히 프롬**

젊음과 늙음

너희 젊음이 너희 노력으로 얻은 상이 아니듯,

내 늙음도 내 잘못으로 받은 벌이 아니다. – 영화 〈은교〉

- 청년기의 자존심은 혈기와 아름다움에 있지만, 노년기의 자존심은 분별력에 있다. **데모크리토스**
- 웃어본 적이 없는 젊은이는 야만인이고, 웃지 않는 늙은이는 바보다. **조지 산타야**
- 제일 먼저 이름을, 다음에는 얼굴을 잊는다. 이어 바지 지퍼를 올리는 것을 잊고, 다음에는 지퍼 내리는 것을 잊는다. **레오 로젠베르크**

아이와 어른

아이는 어른에게 세 가지 본보기가 된다.

아무런 이유 없이 행복하기,

뭔가에 늘 분주하기,

원하는 것을 전력을 다해 요구하기. **– 파울로 코엘료**

- 성인이 된다는 것은 곧 혼자가 된다는 뜻이다. **장 로스땅**
- 아이들은 어른의 말은 귀담아듣지 않지만 행동은 꼭 따라 한다. **제임스 볼드윈**

칭찬과 아부

우리가 상대를 칭찬하는 것은
상대에게 칭찬을 되돌려 받고 싶은 욕심 때문이다. **–라 로슈푸코**

- 모든 사람을 칭찬하는 사람은 아무도 칭찬하지 않는 사람이다.
  사무엘 존슨
- 우리가 다른 사람의 좋은 점을 지나치게 칭찬하는 것은 그 장점을 귀중하게 생각하기 때문이 아니라 그런 장점을 찾아낸 자신의 감각을 높게 평가하고 싶은 욕심 때문이다. **라 로슈푸코**
- 칭찬은 평범한 사람을 특별한 사람으로 만드는 마법의 문장이다.
  막심 고리키

가장 비열한 종류의 칭찬은 좋은 말을 한 다음 '하지만'으로 시작하여 딴소리를 하는 것이다. **– 헨리 워드 비처**

- 좋은 칭찬 한마디에 두 달은 살 수 있다. **마크 트웨인**
- 사람은 누구나 칭찬받을 때 뭔가를 하고 싶은 의욕이 더욱 왕성해진다. **금언**
- 칭찬은 좋은 사람을 더 좋게, 나쁜 사람을 더 나쁘게 만든다. **토마스 풀러**

아첨은 쉽지만 칭찬은 어렵다. – 장 폴 프리드리히 리히터

- 아부가 칭찬보다 더 간단하고 쉽다. **장 파울**
- 아부하는 법을 아는 사람은 많지만, 칭찬하는 법을 아는 사람은 소수다. **그리스 속담**
- 아첨은 이빨 사이에서 나오고 진지한 칭찬은 가슴에서 나온다. **데일 카네기**
- 아첨하는 법을 터득한 사람은 남을 헐뜯는 요령도 터득한 사람이다. **나폴레옹 보나파르트**

경청

사랑의 첫 번째 의무는 듣는 것이다. –폴 틸리히

- 용기가 있어야 일어나 말할 수 있다. 또한 용기가 있어야 앉아서 들을 수 있다. **칼 하먼 보스**
- 말한다는 것은 이미 아는 것을 반복하는 것이지만 듣는다는 것은 종종 뭔가를 배우는 것이다. **자레드 스파크스**
- 사람들이 원하는 모든 것은 자신의 얘기를 들어줄 사람이다. **휴 엘리어트**
- 누군가의 이야기를 듣는 것은 그 사람이 말하는 동안 그의 입장이 되어 보는 것이다. **시몬 베유**
- 사람들을 일단 웃게 만들면 그들은 경청한다. 그러면 그들에게 거의 무슨 말이든 할 수 있다. **허버트 가드너**
- 사람들이 더 많이 가진 자들로부터 뭔가를 얻어내려고만 하는 게 아니라, 더 많이 아는 자들의 말을 들으려고 한다면 세상은 다른 곳이 될 것이다. **윌리엄 보엣커**

귀가 두 개, 입이 한 개인 이유는

말하는 것 보다 두 배를 더 들으라는 것이다. **- 에픽테토스**

- 지혜란 먼저 말할 수 있는데도 상대방의 말을 경청해준 것에 대한 보상이다. **더그 라슨**
- 신이 인간에게 두 개의 눈과 귀, 하나의 입을 준 데는 그만한 이유가 있다. 한 번 말할 때 두 번 보고, 두 번 들으라는 뜻이다. 더군다나 듣는 데는 돈이 들지 않으니 이 얼마나 좋은가? 남이 이야기에 귀를 기울이는 노력은 언제나 보상받는다. **알렉스 퍼거슨**
- 사람들은 기본적으로 듣기보다 말하기를 좋아한다. 그러니까 잘 모를 때는 입을 다물고 귀를 기울이면서 다른 사람들에게 말할 기회를 주면 된다. 사람들은 기뻐할 것이고, 나는 무엇인가를 배울 수 있다. **바바라 부시**
- 남의 말을 경청하라. 귀가 화근이 되는 경우는 없다. **프랭크 타이거**

대화

말 잘하는 사람은 청산유수가 아니라,
"네", "아니오", "감사합니다", "죄송합니다"
네 마디를 필요할 때 적절히 쓸 줄 아는 사람이라는데…,
말이 많아 탈 많은 세상이다. – **조정민**

- 적절하며 가능한 짧게, 그러나 항상 쉽게 말하라. 연설이 목적은 허식이 아니라 이해시키는 것이니까. **윌리엄 펜**

관심과 무관심

무관심은 관대함의 친자식이다. – **니콜라우스 시빈스키**

- 학문은 대부분의 질병을 치료할 수 있는 수단들을 발견해냈다. 하지만 모든 고통들 가운데 가장 끔찍한 고통을 치료할 약은 발견하지 못했다. 즉, 무관심. **헬렌 켈러**
- 남들이 당신에 대해 얼마나 무관심한지를 안다면 그렇게 걱정할 필요가 없을 것이다. **올린 밀러**

사랑

사랑

언제나 사랑하고 있는 사람은

불평을 늘어 놓거나

불행에 빠지거나 할 겨를이 없다. – **조제프 쥬베르**

- 우리가 사랑할 수 있는 사람을 우리는 미워할 수도 있다. 다른 사람들에 대해선 무관심하다. **헨리 데이비드 소로**
- 우리는 무엇 무엇 '때문에' 좋아하지만 무엇 무엇에도 '불구하고' 사랑한다. **앙리 드 몽테블랑**
- 아는 것이 적으면 사랑하는 것도 적다. **레오나르도 다 빈치**
- 네 모습 그대로 미움받는 것이 너 아닌 다른 모습으로 사랑받는 것보다 낫다. **앙드레 지드**
- 사랑하고 사랑받아라. 이것이야말로 지상 최고의 축복이다. **하인리히 하이네**

사랑이란 열정과 감탄과 존경이다.

둘만 있어도 충분하다.

셋 다 있으면 살아 있을 때도 천국에 있는 것이다. **– 윌리엄 와턴**

- 어느 경우든 처음부터 마지막까지, 사랑이란 돌보는 것이다. 상대를 돌보고 관계를 돌보며 또한 자신을 돌보는 것. **미셸 퓌에슈**
- 우리는 사랑에 빠졌을 때 가장 생기가 넘친다. **존 업다이크**
- 수천의 생을 반복한다 해도 사랑하는 사람과 다시 만난다는 것은 드문 일이다. 지금 후회 없이 사랑하라. 사랑할 시간은 그리 많지 않다. **샨티데바**
- 지구상의 모든 음악 중 하늘 저 멀리까지 울려 퍼지는 음악은 진심으로 사랑하는 마음의 고동소리이다. **헨리 워드 비처**

사랑받고 싶다면 사랑하라.

그리고 사랑스럽게 행동하라. – **벤자민 프랭클린**

- 사랑하는 사람에게 할 수 있는 가장 나쁜 일은 바로 그들이 할 수 있고 해야 할 일을 대신해 주는 것이다. **에이브러햄 링컨**
- 말로 하는 사랑은 쉽게 외면할 수 있으나 행동으로 보여주는 사랑은 저항할 수가 없다. **스탠리 무니햄**
- 사랑에는 많은 질문이 필요하지 않다. 사랑은 묻는 게 아니라 행동으로 보여주는 것이다. **파울로 코엘료**

낱말 하나가 삶의 모든 무게와 고통에서 우리를 해방시킨다.

그 말은 바로 사랑이다. – **소포클레스**

- 꽃들이 향기를 주듯, 새들이 노래를 부르듯 너 자신의 가장 좋은 면을 세상에 주어라. 그게 진짜 사랑이니까. **에두아르도 하우레기**
- 우리가 하는 일은 바다에 붓는 한 방울의 물보다 하찮은 것이다. 하지만 그 한 방울이 없다면 바다는 그만큼 줄어들 것이다. **마더 데레사**
- 잊지 마세요. 사랑은 전하는 거예요. **데이비드 에즈라 스테인**
- 물건은 이용하고, 사람은 사랑하라. 반대로 하지 마라. **존 파웰**

정

사람을 좋아하는 감정에는
이쁘고 좋기만 한 고운 정과
귀찮지만 허물없는 미운 정이 있다.
좋아한다는 감정은 언제나 고운 정으로 출발하지만
미운 정까지 들지 않으면 그 관계는 지속될 수가 없다.
왜냐하면 고운 정보다 미운 정이 훨씬 너그러운 감정이기
때문이다. -**은희경**

- 미운 정은 약간의 상처를 통해서 생겨난다. 어떤 이유로든 마음의 상처를 받아 속이 끓고, 속이 썩고, 속이 상해 죽겠을 바로 그때, 누군가 한쪽이 중심을 잡고 조금 더 참아내고, 조금 더 너그러워질 때 생겨난다. 약간의 상처는 미운 정을 북돋우고 사랑을 키워내는 좋은 보약이다. **고도원**

남자와 여자

시간 보다 더 소중한 것 오직 하나는
바로 그 시간을 함께 보낼 사람이다. **– 리오 크리스토퍼**

- 자제력을 잃은 여자는 머지않아 남편도 자제력을 잃게 만든다. **나탈리 우드**
- 남자는 일반적으로 과대평가를 받는다. **마렌 크로이만**
- 매력 있는 남자란 자기 냄새를 피우는 사람이다. 스스로 생각하고, 스스로 판단하고, 무슨 주의 주장에 파묻히지 않고 유연한 사람이다. 그러면서 더욱 예리하고 통찰력이 있는, 바로 그런 남자이다. **시오노 나나미**

결혼

결혼하기 전에는 두 눈을 크게 뜨고 보라.

결혼 후에는 한쪽 눈을 감아라. **-토마스 플러**

- 결혼은 두 사람이 함께도 아니고 혼자도 아닌 상태로 서로 오랫동안 참아줄 수 있는 상태이다. **마리 폰 에브너 에센바흐**
- 결혼은 고독의 학교이다. 하지만 사람들은 고독 속에서도 배우지 않는다. **아르투르 슈니츨러**

남편과 아내

부부 사랑 … 어렵다. 아내는 보살핌이 사랑이고, 남편은 존경이 사랑이어서 … 아내는 보살피라고 잔소리하고, 남편은 무시한다고 분노한다. 달라서 사랑했는데 … 달라서 다툰다. – **조정민**

- 여자들은 자신의 남편을 하인으로 만들고는, 하인이 된 그를 경멸한다. **존 스타인벡**
- 최적의 배우자는 모든 취향을 공유하는 사람이 아니다. 의견 충돌과 차이를 조율할 줄 아는 사람이다. 우리는 서로의 차이에 끌렸으니까. **알랭 드 보통**
- 프러포즈할 때 남자의 마음은 5월이지만, 결혼한 뒤에는 12월이 된다. **윌리엄 셰익스피어**

부모와 자식

엄마란, 사람은 다섯인데 파이가 네 조각밖에 없을 때 얼른 파이를 안 좋아한다고 말하는 사람이다. – **테네바 조던**

- 인생의 제일 큰 수수께끼 중 하나는 당신의 딸과 결혼하기에 모자라 보이던 저 젊은이가 어떻게 세상에서 제일 똑똑한 손주의 아버지가 될 수 있었는가다. **유대 속담**
- 아버지는 자식의 부탁을 들어주기 위해 존재하는 사람이다. **하키모토 긴이치**
- 남자가 아마도 자기 아버지가 옳았을지 모른다고 깨달을 때쯤, 그에게는 아버지가 틀렸다고 생각하는 아들이 항상 있다. **찰스 워즈워스**

친구와 적

친구를 얻는 유일한 방법은
자신이 먼저 친구가 되는 것이다. **－랄프 월도 에머슨**

- 풍요 속에서는 친구들이 나를 알게 되고, 역경 속에서는 내가 친구를 알게 된다. **존 콜린스**
- 친구는 제2의 자신이다. **아리스토텔레스**
- 친구가 없는 사람은 왼손만 있고 오른손이 없는 것과 같다. **솔로몬 이븐 가비롤**
- 누구에게나 친구는 어느 누구에게도 친구가 아니다. **아리스토텔레스**
- 만약 누군가를 당신의 편으로 만들고 싶다면, 먼저 당신이 그의 진정한 친구임을 확신시켜라. **에이브러햄 링컨**

적을 만들기를 원한다면
내가 그들보다 잘났다는 사실을 증명하면 된다.
그러나 친구를 얻고 싶다면
그가 나보다 뛰어나도록 만들어라. **– 라 로슈푸코**

- 설명하지 마라. 친구라면 설명할 필요가 없고, 적이라면 어차피 당신을 믿으려 하지 않을 테니까. **앨버트 허버드**
- 적에게서조차 배울 수 있다. **오비디우스**
- 얼음이 깨지면 누가 친구이고 적인지 알게 된다. **에스키모 속담**

가족과 가정

세상을 바꾸고 싶다면

집에 가서 가족부터 사랑하세요. **–마더 데레사**

- 모든 행복한 가정은 서로 닮았지만 불행한 가정은 각기 다른 방식으로 불행하다. **레프 톨스토이**
- 가정을 꾸려나가는 데에는 로드맵이 없다. 항상 힘겨운 협상이 필요하다. **메릴 스트립**
- 가정생활이라는 어둡고 어려운 세계에서는 가장 위대한 자도 실패할 수 있고, 가장 미천한 자도 성공할 수 있다. **렌덜 자렐**
- 모든 부모와 자식 사이의 싸움에서 양쪽 다 옳을 수는 없다. 보통 양쪽 다 잘못됐다. **아이작 로젠펠드**

성공

성공

세 단어로 요약되는 성공 과정:

can - 할 수 있다,

will - 할 것이다,

now - 바로 지금. **- 피터 코헨**

- 내 성공비결은 단지 사람들이 원하는 것을 준 것뿐이다. **앤디 워홀**
- 성공은 재능, 열의, 사고방식, 이 세 가지의 곱하기. **이나모리 가즈오**
- 진정한 성공은 평생의 일을 자신이 좋아하는 일에서 찾는 것이다. **데이비드 매컬로**
- 성공에는 비밀이 없다. 성공한 사람 치고 성공에 대해 말하지 않는 사람을 본 적 있는가? **킨 허바드**

성공은 행복의 열쇠가 아니다.

그러나 행복은 성공의 열쇠다. **– 알버트 슈바이처**

- 성공한 사람은 사소한 것에 목숨을 걸지 않는다. **리처드 칼슨**
- 두 배로 생각하라. 두 배로 노력하라. 그것이 보통 사람이 성공하는 비결이다. **인드라 누이**
- 성공이란 열정을 잃지 않고 한 번의 실패에서 다음 실패로 넘어갈 수 있는 능력이다. **윈스턴 처칠**
- 성공의 비결이란 것이 있다면 타인의 관점을 잘 포착해 그들의 입장에서 사물을 보는 재능, 바로 그것이다. **헨리 포드**

성공하기까지는 항상 실패를 거친다. – 미키 루니

- 성공과 실패의 유일한 차이는 실행력이다. **알렉산더 그레이엄 벨**
- 성공도 우연이 아니고 실패도 우연이 아니다. 성공하는 사람은 성공에 이르는 일을 하는 사람이고, 실패한 사람은 그런 일을 하는데 실패한 사람이다. **브라이언 트레이시**
- 실패는 언제나 함께하는 친구이며, 성공은 어쩌다 찾아오는 손님이다. **미르 임란**
- 나는 인생에서 무수히 많은 실패를 했다. 그것이 내가 성공한 이유다. **마이클 조던**

실패

실패한 일을 후회하는 것보다
해보지도 못하고 후회하는 것이
훨씬 더 바보스럽다. – **탈무드**

- 한 번 실패와 영원한 실패를 혼동하지 말라. **F. 스콧 피츠제럴드**
- 실패의 99퍼센트는 습관적으로 변명하는 사람들 탓이다. **조지 워싱턴 카버**
- 잘못은 따로 있는 게 아니다. 같은 잘못을 되풀이하는 것, 그것이 바로 잘못이다. **알렉산드르 푸슈킨**
- 한 번도 실패하지 않는다는 것은 새로운 일을 전혀 시도하고 있지 않다는 신호다. **우디 앨런**

실패가 아니라

실패에 대한 두려움이

당신을 멈추게 한다. **– 잭 레몬**

- 힘든 장애물에 부딪혀 넘어지는 것은 결코 부끄러운 일이 아니다. 실패 역시 꿈에 속하는 것이기 때문이다. **레오나르도 슈레더**
- 실패하면 실망할지도 모른다. 그러나 시도도 안 하면 불행해진다. **비벌리 실스**
- 실패를 단 한번도 겪지 못한 삶이 진정한 실패다. **샤를 페팽**
- 나는 젊은 시절에 10개의 일을 하면 9개는 실패였다. 그래서 일하는 양을 10배로 늘렸다. **조지 버나드 쇼**

승리와 패배

승리는 가장 끈기 있는 자에게 돌아간다. **– 나폴레옹 보나파르트**

- 이기는 것도 습관이다. 불행히도 지는 것도 습관이다. **빈스 롬바르디**
- 승리란 옳다고 생각하는 것을 밀고 나가는 데서 온다. **영화 〈배트맨과 로빈〉**
- 이긴다고 생각하면 이긴다. 승리는 자신감을 가진 사람의 편이다. **가토 마사오**
- 나는 절대로 지지 않는다. 이기거나 배운다. **넬슨 만델라**
- 인간에게 가장 고통스러운 패배는 '될 수 있었던 나'와 '실제 나' 사이의 격차다. **애슐리 몬터규**

승자와 패자

인생의 승자는
'나는 할 수 있다. 나는 할 것이며 그렇게 된다'는
입장에서 끊임없이 생각한다. – **데니스 웨이틀리**

- 승자가 즐겨 쓰는 말은 '다시 한번 해보자'이고, 패자가 즐겨 쓰는 말은 '해봐야 별 수 없다'이다. **탈무드**
- 성공한 사람은 오늘이라는 손과 지금이라는 발을 가지고 있지만 실패한 사람은 내일이라는 손과 다음이라는 발을 가지고 있다. **황용필**
- 성공한 사람은 반드시 두 개의 마음을 가지고 있다. 하나는 사랑하는 마음이고, 다른 하나는 받아들이는 마음이다. **칼린 지브란**

어려움과 불가능

살다 보면 우리의 삶에 문제가 발생했을 때,
우리가 그것을 피하고자 아무것도 할 수 없는 순간들이 있다.
하지만 그 문제들은 그럴만한 이유가 있어서 거기에 있는 것이다.

– 헨리 포드

- 어떤 일을 끝내기 전에는 불가능이라고 생각지 마라. **금언**
- 모든 게 끝나기 전까지는 불가능해 보인다. **넬슨 만델라**
- 성공하지 못했다고? 계속하라! 성공했다고? 계속하라! … 어려움이라는 것은 해결하는데 시간이 좀 걸리는 일이다. 불가능이라는 것은 그보다 조금 더 시간이 걸리는 일이다. **프리드쇼프 난센**

자신이 할 수 없다고 말한 것을
누군가가 하는 것을 보는 만큼
당혹스러운 일은 없다. **–샘 유잉**

- 어떤 것도 불가능하지 않습니다. Impossible이라는 단어 그 자체가 '난 할 수 있어'를 외치고 있습니다. (Nothing is impossible, the word itself says 'I'm possible!') **오드리 햅번**
- 꼭 해야 할 일부터 하라. 그 다음에는 가능한 일을 하라. 그러면 어느 순간 당신은 불가능해 보이던 일을 하게 된다. **아시시의 성 프란체스코**
- 불가능과 가능의 차이는 의지에 달려 있다. **토미 라소다**

위험

계속 생각이 난다면

그 일은 위험을 무릅쓸

가치가 있다. – **파울로 코엘료**

- 위험은 자신이 무엇을 하는지 모르는 데서 온다. **워런 버핏**
- 위험은 성공의 뱃머리에 부딪히는 파도이다. **장 아메리**
- 위험은 가볍게 여김으로써 더 커진다. **에드먼드 버크**

포기

많은 사람들은 포기할 때
자신이 성공에 얼마나 가까이 있었는지 모른다. **– 토마스 에디슨**

- 인간은 패배했을 때 끝나는 것이 아니라 포기했을 때 끝나는 것이다. **리처드 닉슨**
- 천 번을 넘어질 수 있지만 중요한 건 용기를 내서 다시 시작하는 것이다. 세상엔 단 한 종류의 실패자들이 있는데, 이는 싸우기와 꿈꾸기와 사랑하기를 포기한 사람들이다. **호세 무히카**

트루에트 캐시*는 이렇게 자문했다.

'사람들이 격려가 필요한 지 어떻게 알 수 있나요?'

'숨 쉬고 있는지 보면 됩니다.'

그렇다. 우리는 누구나 격려가 필요하다. **–존 고든**

- 끈기란 누구나 아는 미덕이지만 실제로 힘을 발휘한다. 성공한 사람은 모든 사람이 포기한 후에도 계속 나아가는 사람이다. 끈기는 두뇌, 가문, 인맥보다 중요하다. 끈질기게 나아가라. 부서질 때까지 문을 두드려라. **제리 와인트라웁**
- 끝나기 전에 끝난 게 아니다. **요기 베라**

* 트루에트 캐시는 닭고기 전문 요리 체인 칙 펠레의 창업자이다.

꿈

가슴으로 느끼고

손으로 적어

발로 뛰는 게 꿈이다. –존 고다드

- 오랫동안 꿈을 그리는 사람은 마침내 그 꿈을 닮아간다. **앙드레 말로**
- 꿈이란 정말로, 정말로 원하는 것을 말한다. 목표란 기한이 정해진 꿈이다. **시드니 프리드먼**
- 꿈이 있다면 작은 일이라도 시작하라. 새로운 일을 하는 용기 속에 당신의 능력과 기적이 모두 들어 있다. **요한 볼프강 폰 괴테**

상상력과 창의성

상상력은 지식보다 중요하다.

지식은 한계가 있지만

상상력은 전세계를 일주한다. – **알버트 아인슈타인**

- 한 순갈의 상상력은 한 트럭의 지식보다 중요하다. **알버트 아인슈타인**
- 독창성은 분별력 있는 모방에 불과하다. **프랑수아 볼테르**
- 독창성이란 무엇인가? 들키지 않은 표절이다. **윌리엄 랠프 잉**

창의성은 신뢰에서 나온다.

직감을 신뢰하라. – **리타 메이 브라운**

- 창의력은 겉으로 보기에는 상관없는 것을 연결하는 힘이다. **윌리엄 플로머**
- 복잡함의 주인이 되는 게 기술력, 단순함의 주인이 되는 게 창의력이다. **에릭 지만**
- 창의성은 부지런함의 부산물이다. **앤드루 루니**
- 창의적인 직원을 바라다면 그들에게 충분히 놀 시간을 줘야 한다. **존 클리즈**

목표

목표란 다른 사람보다 더 나아지는 게 아니다.

다른 누구도 아닌 '어제의 너'보다 나아지는 걸 목표로 삼아라.

–**존 고든**

- 목표란 우리를 앞으로 계속 나아가게 해주는 것이다. **앤드류 매튜스**
- 위대한 인물에게는 목표가 있고, 평범한 사람에게는 소망이 있을 뿐이다. **워싱턴 어빙**
- 전혀 목표를 가지고 있지 않은 것보다 보잘것없이 작은 목표라도 가지고 있는 편이 훨씬 낫다. 그것이 성공의 싹이 되어 인생을 보다 살찌우기 때문이다. **토머스 칼라일**

문제는 목적지에 얼마나 빨리 가느냐가 아니라

목적지가 어디냐는 것이다. – 메이벨 뉴컴버

- 장애물이란 목표에서 눈을 뗐을 때 보이는 무서운 것들이다. **헨리 포드**
- 중요한 것은 목표를 이루는 것이 아니라 그 과정에서 무엇을 배우며 얼마나 성장하느냐이다. **앤드류 매튜스**
- 어려움은 우리가 목표에 근접해 갈수록 증가한다. **요한 볼프강 폰 괴테**

계획

계획이란 미래에 관한 현재의 결정이다. **– 피터 드러커**

- 사람은 실패를 계획하지 않는다. 다만 계획을 세우는 일을 실패할 뿐이다. **존 버클리**
- 계획은 즉각적으로 열심히 수행되지 않으면 그저 좋은 의도에 지나지 않는다. **피터 드러커**
- 성취하려면 행동뿐만 아니라 꿈을 꾸어야 하며, 계획을 세울 뿐만 아니라 그것을 믿어야 한다. **아나톨 프랑스**

비전

눈앞의 실패에 좌절하지 않을 수 있는 비전을 반드시 가지고 있어야 한다. – **찰스 노블**

- 비전이 있는 자에게는 매 순간이 절호의 순간이다. **헨리 밀러**
- 내가 더 멀리 봤다면, 그것은 거인들의 어깨 위에 서 있었기에 가능했다. **아이작 뉴턴**
- 살아가는 기술이란, 하나의 비전을 골라서 거기에 집중하는 데 있다. **앙드레 모로아**
- 비전이 있는 사람은 말은 적으며 행동은 많이 한다. 몽상가는 말은 많으나 행동은 적다. 비전이 있는 사람은 자기 내면의 확신에서 힘을 얻는다. 몽상가는 외부 환경에서 힘을 찾는다. 비전이 있는 사람은 문제가 생겨도 계속 전진한다. 몽상가는 가는 길이 힘들면 그만둔다. **존 맥스웰**
- 위대한 성공의 시초는 비전이라는 초석으로 이루어져 있다.

행동

세상은 당신의 의견이 아니라
당신의 행동으로 바뀐다. **– 파울로 코엘료**

- 유능한 자는 행동하고, 무능한 자는 해설한다. **조지 버나드 쇼**
- 행동이 항상 행복을 가져다주지는 않는다. 하지만 행동 없는 행복은 존재할 수 없다. **벤자민 디즈데일리**
- 학습이란 이미 알고 있는 것을 재발견하는 것이고, 행동은 아는 것을 실천에 옮기는 것이다. **리처드 바크**
- 행동은 상상 그 이상의 미래를 반드시 선물한다. **기타가와 야스시**
- 움직임과 행동을 혼동하지 마라. **어니스트 헤밍웨이**

실수와 실력

자기의 실력을 감출 줄 아는 것이야말로 크나큰 실력이다. **-라 로슈푸코**

- 실수할 때에는 고통스럽지만, 몇 년이 지나면 우리는 실수를 모아놓은 것을 경험이라 부르게 된다. **데니스 웨이틀리**
- 관용이란 다른 사람이 실수를 용서하는 것이고, 예의는 실수를 모른 척하는 것이다. **아르투어 슈니츨러**
- 다른 사람과 함께 하는 실수는 두 사람을 더 깊게 연결해준다. **헤르만 바르**

틀릴 수 있는 권리를 절대 포기하지 말라.
그러지 않으면 새로운 것에 배우고
앞으로 나아갈 수 있는 능력을 얻게 될 것이다. – **데이비드 번스**

- 실수나 허점은 사람의 매력을 증진시킨다. 이를 '실수효과'라 한다. **캐시 애론슨**
- 인생에서 저지를 수 있는 가장 큰 실수는 실수할까 봐 끊임없이 두려워하는 것이다. **앨버트 허버드**
- 실수는 늘 일어난다. 중요한 것은 실수를 빨리 인정하고 고치는 것이다. **프랑크 아펠**
- 나는 현명한 외면보다는 열정적인 실책을 좋아한다. **아나톨 프랑스**
- 가장 큰 실수는 능력 이상으로 친절하려고 노력하는 것이다. **월터 배젓**
- 실수를 부끄러워 말라, 실수를 부끄러워하면 실수가 죄악이 된다. **공자**

열정과 도전

세상 속 위대한 것 중에

열정 없이 이룩된 것은 없다. – 게오르크 빌헬름 프리드리히 헤겔

- 느껴지지 않는 열정을 좇으며 불안해하기보다는 훨씬 단순한 것을 하라. 그냥 호기심을 좇아라. **엘리자베스 길버트**
- 위대한 사건이나 계획은 열정 없이 성취되지 않는다. **C. N. 보비**
- 살면서 미쳤다는 말을 들어보지 못했다면 당신은 단 한 번도 목숨 걸고 도전한 적이 없었던 것이다. **W. 볼튼**
- 누군가가 어떤 일을 할 수 있느냐고 물으면 그 자리에서 할 수 있다고 대답하라. 그리고 그 일을 어떻게 해내야 할 것인지 최선을 다해 연구하라. **시어도어 루스벨트**

준비와 시도

준비에 실패하는 것은

실패를 준비하는 것이다. **–벤자민 프랭클린**

- 잘 준비된 일은 반쯤 끝난 거나 마찬가지이다. **플라톤**
- 준비와 기회가 만나서 행운이라는 결과를 낳는다. **앤서니 라빈스**
- 만일 시도한 일이 제대로 되지 않으면 당신은 실망하겠지만, 시도조차 하지 않으면 당신은 영원한 실패자가 된다. **버버리 실즈**

시도하지 않으면

당신이 무엇을 할 수 있는지

절대 알 수 없다. –존 배로

- 한 번도 실현된 적이 없는 성과를 얻고자 한다면 한 번도 시도된 적이 없는 방법을 써야 한다. **프랜시스 베이컨**
- 믿고 첫걸음을 내디뎌라. 계단의 처음과 끝을 다 보려 하지 마라. 그냥 발을 내디뎌라. **마틴 루터 킹**
- 실패한다면 실망하겠지만, 시도조차 하지 않는다면 죽은 모습이 아니고 무엇이랴. **비벌리 실스**
- 우리가 할 일은 시도뿐이다. 나머지는 우리 일이 아니다. **T. S. 엘리어트**
- 승자는 시도를 멈추지 않는다. **톰 랜드리**
- 달걀을 깨지 않고는 오믈렛을 만들 수 없다. **로버트 루이스 스티븐슨**

기회

나는 현재 퍽이 있는 곳이 아니라
퍽이 앞으로 굴러갈 곳을 향해 달려갑니다. **– 웨인 그레츠키**

- 사람들이 대개 기회를 놓치는 이유는 기회가 작업복 차림의 일꾼 같아 일로 보이기 때문이다. **토마스 에디슨**
- 장애물과 기회의 차이는 무엇인가? 그 차이란 그것에 대한 우리의 태도일 뿐이다. **금언**
- 고난이 한복판에 기회가 있다. **알버트 아인슈타인**
- 기회를 기다려라. 그러나 때를 기다려서는 안된다.
- 기회가 두 번 문을 두드린다고 생각하지 마라.

어리석은 사람은 기회를 포기하고,
평범한 사람은 기회를 기다리고,
똑똑한 사람은 기회를 만든다. – **마리 퀴리**

- 중국어로 '위기(危機)'는 두 글자로 돼 있다. 하나는 위험을 다른 하나는 기회를 의미한다. **존 F. 케네디**
- 강자는 기회를 만들고 약자는 기회를 기다린다. **마리 퀴리**

운

행운의 여신은
인생에 한 번은 모든 사람의 문을 두드리지만
많은 경우 사람들은 가까운 술집에 가 있느라
그 노크 소리를 듣지 못한다. **– 마크 트웨인**

- 나는 행운을 믿는다. 그렇지 않으면 당신이 싫어하는 자들의 성공을 달리 어떻게 설명할 수 있겠는가? **장 콕토**
- 행운을 믿지 않는다는 건 경험이 없는 사람들의 특징이다. **조지프 콘래드**
- 행운은 준비한 사람에게 기회가 왔을 때 생기는 것이다. **세네카**
- 행운은 준비된 자를 선호한다 **루이 파스퇴르**
- 행운은 스스로 운이 좋다고 믿을 때 찾아온다. **테네시 윌리엄스**

나눔

나눔은 우리를 '진정한 부자'로 만들며,
나누는 행위를 통해 자신이 누구이며
또 무엇인지를 발견하게 된다. – **마더 데레사**

• 세상에는 두 가지 유형의 사람이 있다고 아버지는 말씀하셨다. 바로 주는 자와 받는 자다. 받는 자는 더 잘 먹을지언정, 잠은 주는 자가 더 잘 잔다. **말로 토머스**

경쟁

거울을 보라.

그게 당신의 경쟁상대다. **– 에릭 토머스**

- 현명한 사람에게 어울리는 경쟁은 자기 자신과 벌이는 경쟁밖에 없다. **워싱턴 올스톤**
- 온 마음을 다해 일하면 성공한다. 실은 아주 약간의 경쟁이 있을 뿐이다. **앨버트 허버드**
- 세상은 두 종류의 인간으로 나뉜다. 일하는 사람들과 자신이 하지 않은 일에 대한 공로를 인정받는 사람들이다. 가능하면 일하는 사람이 되라. 일하는 사람들 사이에는 경쟁이 훨씬 덜하다. **드와이트 모로**
- 경쟁은 제품에서는 최고의 것을, 인간에서는 최악의 것을 끄집어낸다. **데이비드 사르노프**

능력

만일 당신이 그것을 할 수 있다고 생각하면,
그것을 할 수 있다.
만일 당신이 그것을 할 수 없다고 생각하면,
할 수 없다. **– 메리 케이 애쉬**

- 할 수 있다는 것을 보여 줄 수 있는 유일한 증거는 실천이다.
  마리 폰 에브너 에센바흐
- 당신에게는 그 힘이 항상 있다. 그것을 스스로 깨닫기만 하면 된다.
  라이먼 프랭크 바움
- 사소한 일도 제대로 해내지 못하는 사람은 마치 자신이 대업을 위해서 태어난 것처럼 행동한다. **칼 하인리히 바게를**

전략과 전술

사실 현실 세계에서 전략은 매우 간단하다.
일반적인 방향을 선택하고
죽기 살기로 실천하면 된다. – **잭 웰치**

- 당신은 전략에 관심이 없을지 모르지만, 전략은 당신에게 관심이 있다. **레온 트로츠키**
- 친구들을 가까이하고, 적들을 더 가까이하라. **영화 〈대부 Ⅱ〉**
- 내가 아는 최고의 CEO들은 교사들이다. 그들이 가르치는 핵심은 전략이다. **마이클 포터**
- 전략은 여성과 식사할 때 좋은 와인 한 병을 사는 것이다. 전술은 그녀가 그 와인을 마시게 하는 것이다. **프랭크 뮤어**

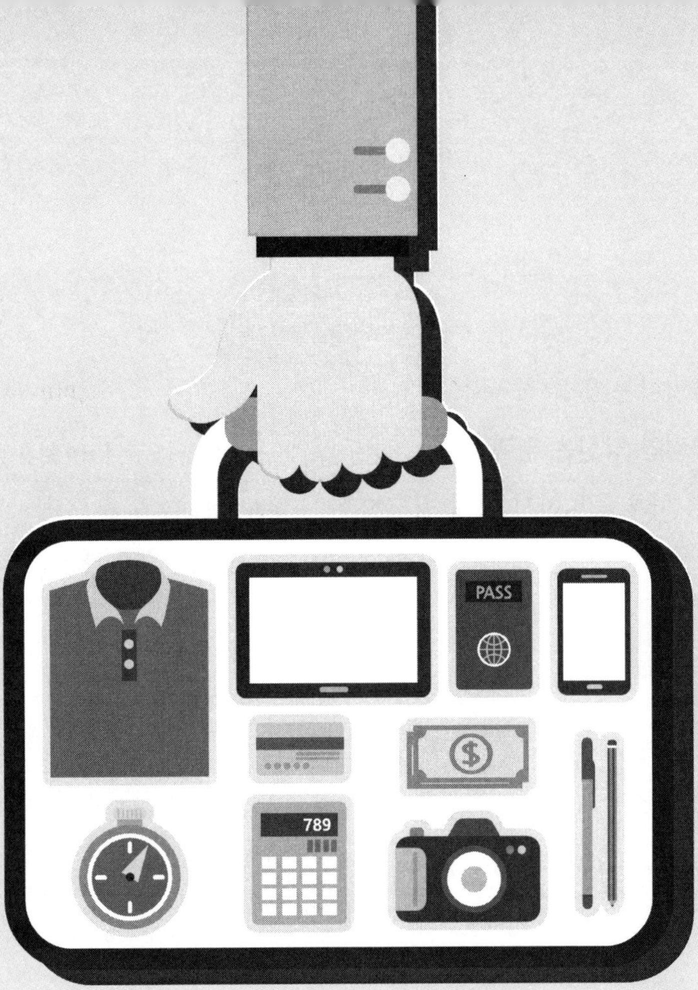

일

일

좋아하는 일을 찾아라.

그러면 당신은 평생

단 하루도 일하지 않게 될 것이다. – **하비 맥케이**

- 돈이 되는 일이 아니라 자신이 좋아하는 일을 하라. **워런 버핏**
- 그대가 할 일은 그대가 찾아서 하라. 그렇지 않으면 그대가 해야 할 일이 끝까지 그대를 찾아다닐 것이다. **조지 버나드 쇼**
- 일이란 기다리는 사람에게 갈 수도 있으나 끊임없이 찾아 나서는 자만이 획득한다. **에이브러햄 링컨**
- 혁신이란 노력한 1,000가지 일에 대해 'No'라고 말하는 것이다. **스티브 잡스**

행복의 비밀은

자신이 좋아하는 일을 하는 것이 아니라,

자신이 하는 일을 좋아하는 것이다.

내가 변할 때 삶도 변한다. **– 요한 볼프강 폰 괴테**

- 젊은이들에게 들려주고 싶은 것은 단지 세 마디 말이면 족하다. 일하라. 좀 더 일하라. 끝까지 일하라. **오토 폰 비스마르크**
- 무위도식하는 사람의 두뇌에는 악마가 즐겨 집을 짓는다. **블레즈 파스칼**
- 일이 재미있으면 인생은 낙원이다. 일이 의무라면 인생은 지옥이다. **막심 고리키**

놀이, 재미와 유익

재미가 없다면 왜 그걸 하고 있는가? – **제리 그린필트**

- 사람은 늙었기 때문에 놀지 않는 것이 아니라 놀지 않았기 때문에 늙은 것이다. **올리버 웬델 홈즈**
- 자신이 하는 일을 재미없어 하는 사람 치고 성공한 사람을 보지 못했다. **데일 카네기**
- 뭔가를 알려고 하는 사람은 좋아서 하는 사람만 못하고 좋아서 하는 사람은 그 일을 즐기며 하는 사람만 못하다. **공자**

태도

삶이란 우리 인생에 어떤 일이 생기느냐에 따라 결정되는 것이 아니라 우리가 어떤 태도를 취하느냐에 따라 결정된다. **–존 밀스**

- 좋은 태도는 똑똑함, 교육, 취향, 그리고 양식이 혼합된 것이다. 하나씩 따로따로 필요로 하지 않도록 되어 있다. **P. J. 오루크**
- 행복한 일을 생각하면 행복해진다. 비참한 일을 생각하면 비참해진다. 무서운 일을 생각하면 무서워진다. 병을 생각하면 병이 든다. 실패에 대해 생각하면 반드시 실패한다. 자신을 불쌍히 여기고 헤매면 배척당하고 만다. **데일 카네기**

노력과 성실

알맹이를 먹으려는 자는 껍질을 깨야 한다. -금언

- 나약한 사람에게 성실을 요구하는 것은 애초에 무리다. **라 로슈푸코**
- 천재는 1% 노력과 99%의 땀으로 이루어진다. **토마스 에디슨**
- 내일 일을 훌륭하게 완수하기 위한 최선의 준비는 오늘 일을 훌륭하게 완수하는 것이다. **앨버트 허버드**

더 많은 것을 해볼수록

우린 더 많은 것을 할 수 있게 된다. **– 윌리엄 헤즐릿**

- 사람은 누구나 자기가 할 수 있다고 생각하는 것 이상의 것을 할 수 있다. **헨리 포드**
- 우리가 할 수 있는 최선을 다할 때, 삶에 어떤 기적이 나타날지는 아무도 모른다. **헬렌 켈러**
- 희망을 갖는 건 절망할 위험이, 시도를 하는 건 실패할 위험이 있다. 하지만 인생에서 가장 위험한 일은 아무런 위험에도 뛰어들지 않는 것이다. **글렌 반 에케렌**

변화

변화란 단순히
과거의 습관을 버리는 것에
그치는 것이 아니다.
과거의 습관 대신에
새로운 습관을 익히는 것이다. – **켄 블랜차드**

- 변화는 삶의 법칙이다. 과거나 현재만 바라보는 사람들은 미래를 놓치기 마련이다. **존 F. 케네디**
- 사람이 슬프면 보통 아무 일도 하지 않는다. 처지를 한탄할 뿐이다. 그러나 분노하게 되면 사람들은 변화의 원인이 된다. **맬콤 엑스**

마음을 바꾸는 것과

그럴 필요가 없다는 것을 증명하는 것

사이에 선택하라고 하면

거의 모든 사람들이 증명하느라 바쁘다. **–존 케네스 갤브레이스**

- 변화지 않으면 당신은 사라지게 된다. **스펜서 존슨**
- 누구나 세상을 바꿀 생각을 하지만 아무도 자기 자신을 바꿀 생각은 하지 않는다. **앤디 워홀**
- 나는 세상을 바꾸기를 바랐지만, 확실하게 바꿀 수 있는 것은 자기 자신이라는 것을 깨달았다. **올더스 헉슬리**

변화란 힘든 과정이다.

현재의 방식에 불만이 있다 하더라도

이미 거기에 길들여져 있기 때문이다. **– 피터 드러커**

- 한때 좋은 결과를 냈다고 해서 그것이 계속될 수 없다. 성공하기 위해서는 항상 변화해야 한다. **샘 월튼**
- 타고 있는 배가 항상 샌다는 것을 알게 되면, 구멍을 막느니 차라리 배를 바꿔 타는 것이 생산적이다. **워런 버핏**
- 변화를 강요당하기 전에 변화하라. **잭 웰치**

습관

습관의 사슬은 거의 느낄 수 없을 정도로 가늘지만
깨달았을 때는 이미 끊을 수 없을 정도로 완강하다. **-린든 존슨**

- 습관은 나무 껍질에 새겨놓은 문자 같아서 그 나무가 자라남에 따라 점점 확대된다. **사무엘 스마일스**
- 인생에서 두 번째 반평생은 첫 번째 반평생에서 생긴 습관으로 구성될 뿐이다. **표도르 도스토예프스키**

매일 하기 싫은 일을 하라.

그렇게 하는 것이

할 일을 고통 없이 하는 습관을 체득하는 황금률이다. – **마크 트웨인**

- 우리가 반복해서 하는 행동이 곧 우리다. 그렇게 보면 탁월함이란 행동이 아닌 습관이다. **아리스토텔레스**
- 1만 시간, 어떤 분야에서 숙달되기 위해 필요한 절대시간이다. **말콤 글래드웰**

연습

똑똑한 머리는 항상 지루한 연습을 피해갈 방법을 찾는다.

– 안나 프로이트

- 사라사테에게 한 유명한 비평가가 천재라고 칭했다. 그것에 대해 사라사테는 이렇게 답했다. "천재? 37년간 하루도 빠짐없이 14시간씩 연습했는데, 그들은 나를 천재라고 부른다". **존 맥스웰**
- 연주가 끝난 후 한 음악잡지 기자가 피아니스트 박하우스에게 물었다. "선생님, 연주하지 않을 때는 주로 무슨 일을 하십니까?" 물끄러미 기자를 쳐다보던 박하우스는 무슨 그런 이상한 질문도 다 있느냐는 표정으로 퉁명스럽게 대답했다. "연주하지 않을 땐 연습하지." **이재규**

공부

많이 보고,

많이 고통 받고,

많이 공부하는 게

배움의 3대 기둥이다. **-벤자민 디즈데일리**

- 학습으로 1년 배울 수 있는 게 경험으로 20년 동안 배우는 것보다 더 많다. **로저 애스컴**
- 가장 탁월한 인물은 자기연마와 공부를 멈추지 않았던 사람, 지금도 멈추지 않았던 사람을 말한다. 노력 없이는 아무것도 얻을 수 없다. 인생은 영원한 공부다. **샤를르 페기**

나는 세상을 강자와 약자, 성공과 실패로 나누지 않는다.

나는 세상을 배우는 자와 배우지 않는 자로 나눈다. **–벤자민 바버**

- 스무 살에 중단하든 일흔 살에 중단하든 배움을 중단하는 사람은 노인이 된다. 배움을 계속하는 사람은 젊은이로 남을 뿐만 아니라 신체적 능력과 관계없이 더욱 가치 있는 사람이 된다. **하비 울먼**
- 공부하라. 정말 공부하라. 27세도 공부하고 47세도 공부해야 한다. 나처럼 내일 모레 칠순인 사람도 공부해야 한다. 공부하라! **톰 피터스**
- 배움을 멈추지 않는 사람이 삶은 계속 오르막이다. **찰리 멍거**

기업과 사업

기업(企業)에서 사람(人)이 빠지면 멈춰선다(止). – **마쓰시다 고노스케**

- 기업은 사람(人)이 모여(止) 힘을 합쳐 일(業)하는 곳이다. **마쓰시다 고노스케**
- 기업은 사람으로 구성되고, 사람에 의해 운영되고, 사람을 위해 서비스하는 시스템이다. **체스터 I. 버나드**

마케터들은

말하는 것을 듣는 귀,

말하지 않는 것을 듣는 귀,

그리고 말하고 싶은데 어떻게 말해야 될지 모르는 것을 듣는 귀를 가져야 한다. – 마이클 메스콘

• 갤럽의 마케팅 조사에 따르면 고객 감소의 원인 중 사망(1%), 이사(3%), 단골이 없는 경우(4%), 주위의 권유(5%), 가격(9%), 만성적 불평고객(10%) 등이 차지하는 비중은 32%이다. 나머지 68%는 고객에 대한 세일즈맨의 무관심 때문에 다른 거래처를 찾는다.

조직

다섯 손가락이 서로 떨어져 있으면 조직의 다섯 구성단위다. 손가락으로 주먹을 만들면 힘이 배가된다. 이런 게 조직이다.

– **제임스 페니**

- 회의는 나쁜 조직의 징후다. 회의는 적을수록 좋다. **피터 드러커**
- 그룹의 모든 성원이 비슷한 편견에 빠지게 되면 그룹은 개인보다 열등하게 된다. 그룹은 개인보다 극단적인 경향이 있기 때문이다. **대니얼 카너먼**

똑똑한 사람들도 조직에 모아놓으면
집단적인 어리석음에 빠지는 경향이 있다. **– 카를 알브레히트**

- 조직은 힘이 아니라 신뢰의 바탕 위에서 만들어진다. **피터 드러커**
- 서구가 세계를 얻게 된 것은 서구의 사상이나 가치나 종교가 우월해서가 아니다. 조직화된 폭력을 행사하는 데 우월했기 때문이다. 서구 사람들은 자주 이 사실을 잊어버린다. 비서구인들은 절대 잊지 않는다. **새무얼 헌팅턴**

돈

당신의 가장 충성스러운 친구 셋은
늙은 아내, 늙은 개,
그리고 현금이다. – **벤자민 프랭클린**

- 돈이 없는 게 모든 악의 뿌리다. **조지 버나드 쇼**
- 돈이 수중에 들어오기 전까지는 절대로 쓰지 마라. **토마스 제퍼슨**
- 돈이란 바닷물과 같다. 그것은 마시면 마실수록 목이 말라진다. **아르투어 쇼펜하우어**
- 남의 돈에는 날카로운 이빨이 숨겨져 있다. **러시아 속담**
- 금전은 무자비한 주인이기도 하지만 유익한 종이 되기도 한다. **유대 격언**

사람은 많은 일을 한다.

그러나 알고 보면 돈이 더 많은 일을 한다. – 유고슬라비아 속담

- 항상 받는 돈보다 더 일하면 언젠가는 일하는 것보다 더 많이 받게 될 것이다. **조지 버나드 쇼**
- 일을 사랑해서가 아니라 돈 때문에 일하는 사람은 돈을 벌지도 못할 뿐만 아니라 즐거움도 얻지 못하는 법이다. **찰스 슈왑**

승진

'사람들에게 고맙다고 말하기',
'주의 깊게 경청하기',
'부드럽게 질문하기',
'가볍게 인사하기',
'상대방 덕분이라고 말하기',
'미소짓기'처럼
사소한 행동들이 실적을 상승시키는데 도움을 주는 반면,
언뜻 생각하면 사소해 보일지라도 정중하지 않게 행동할 경우
대가를 치를 수 있다.
정중한 사람이 빠르게 승진한다. – 크리스틴 포래스

경영관리

돈을 남기면 하수,

업적을 남기면 중수,

사람을 남기면 고수다. – 아키모도 하시오

- 재산의 1/3은 부동산, 다른 1/3은 주식과 예금에 마지막으로 가장 중요한 1/3은 신용에 투자하라. **1790년 창업한 후쿠시마현 청주제조업체 가훈**
- 동아일보 도쿄특파원 천광암이 일본 100년 기업 30곳을 탐방한 결과, 상품과 서비스를 파는 기업은 흥하기도 하고 망하기도 한다. 하지만 믿음을 파는 기업은 영속했다.

리더

리더는 희망을 파는 사람이다. **– 나폴레옹 보나파르트**

- 위대한 일을 하는 것은 어렵지만 위대한 일을 시키는 것은 더 어렵다. **프리드리히 니체**
- 리더는 알아야 하며, 자신이 안다는 것을 알아야 하며, 주변 사람들에게 자신이 안다는 것을 충분히 명료하게 드러낼 수 있어야 한다. **클러랜스 랜들**
- '어떻게'를 아는 사람에겐 항상 일자리가 있다. '왜'를 아는 사람은 항상 일하는 사람의 우두머리가 될 것이다. **다이앤 라비치**
- 당신의 행동이 누군가를 꿈꾸고, 배우고, 실천하고, 무언가가 되도록 이끈다면 당신은 탁월한 지도자다. **돌리 파튼**

리더십

경영은 일을 올바르게 하는 것이요,
리더십은 올바른 일을 하는 것이다. – **피터 드러커**

- 리더십의 자질은 첫째가 비전이고, 둘째가 전략이며, 셋째가 실천력이고, 마지막이 인내심이다. **빌 클린턴**
- 리더십이란 사람들을 기분 좋게 하는 것이다. **장 크리스티엥**
- 리더십은 비전을 현실로 바꾸는 능력이다. **워렌 베니스**

결정

모든 결정의 순간에서
최선은 올바른 일을 하는 것이다.
차선은 잘못된 일을 하는 것이다.
최악은 아무일도 하지 않는 것이다. **– 시어도어 루스벨트**

- 여러분이 결정을 내리면 우주가 몰래 힘을 모아 결정을 실현시킨다. **랄프 월도 에머슨**
- 나쁜 시기에는 나쁜 결정만 내리게 된다. **산스크리트 속담**
- 거절하기로 결단하라. 정작 중요한 일에 쏟을 시간을 빼앗기지 않도록. **캐머런 건**

인간성

용기

용기는 고통을 먹고 자란다.

멋진 일만 생겼던 사람은 용기 있는 사람이 될 수 없다.

– 메리 타일러 무어

- 두려움은 숨기고 용기는 나누어라. **로버트 루이스 스티븐슨**
- 용기란 무서워 죽을 것 같은데도 일단 말안장에 오르는 것이다. **존 웨인**
- 용기란 두려움을 느끼지 않는 것이 아니라 두려워도 계속하는 것이다. **드라마 〈굿 닥터〉**

사과와 용서

사람은 사랑하는 한 용서한다. – **라 로슈푸코**

- 만약 어떤 것에 대해 자신을 용서하지 않는다면, 어떻게 남을 용서할 수 있는가? **돌로레스 우에르따**
- 약한 인간은 결코 용서할 줄 모른다. 용서는 강한 인간만이 가진 속성이다. **마하트마 간디**
- 용서가 없다면 미래도 없다. **데스몬드 투투**
- 상처받은 자존심은 용서할 줄 모른다. **루이 뷔제**

자신, 자존과 자제

자기 자신을 사랑하는 걸 잊지 마라. – **쇠렌 키르케고르**

- 그대가 서 있는 바로 그곳이 세상의 중심이다. **탈무드**
- 자존이야말로 모든 미덕의 초석이다. **존 허셀**
- 자신을 믿는 것이야말로 가장 뛰어난 재능이다. **앤드류 매튜스**
- 당신이 하는 것은 모두 사소하다. 하지만 당신이 그것을 한다는 것은 매우 중요하다. **마하트마 간디**

너 자신을 알라.

나를 알면

나를 뛰어넘을 수 있다. - **소크라테스**

- 자기 자신을 알기 위해서는 두 가지 일이 필요하다. 하나는 스스로 자기를 돌이켜보는 것이요. 다른 하나는 남이 평한 것을 듣는 일이다. **함석헌**
- 자신에게 명령하는 사람이 되라! 그렇지 않으면 평생 남의 명령만 듣고 살 것이기 때문이다. 더욱 중요한 것은 자신의 명령에 복종하라! **프리드리히 니체**

남을 위해 산다는 것은 쉬운 일이어서
누구나 잘하고 있지만,
이참에 나는 여러분에게 자기 자신을 위해 살도록 요청한다.

–랄프 월도 에머슨

- 당신이 많은 것을 소유하려 하지 않는다면, 그것을 유지하기 위해 노예처럼 일하지 않아도 되며, 따라서 당신 자신을 위한 시간을 더 많이 가질 수 있다. **호세 무사카**
- 남을 믿으세요. 그러나 그 100배로 자기 자신을 믿으세요. **데즈카 오사무**
- 스스로를 자제하는 것은 사람의 의무라고 생각한다. **로이스 맥마스터 부욜**
- 타인을 지배하려고 하는 자는 먼저 자기의 주인이 되어야 한다. **노먼 메신저**

의무와 책임

어리석은 인간은 부끄러운 짓을 할 때마다
그것이 자산의 의무라고 목청을 높인다. – **조지 버나드 쇼**

- 의무감이란 일을 하는 데는 유용하지만, 사적인 관계에서는 불쾌감을 준다. **버트란트 러셀**
- 실천은 생각에서 나오는 것이 아니라 책임질 준비를 하는 데서 나온다. **디트리히 본회퍼**
- 자유는 무책임을 의미하는 것이 아니다. 자유란 당신이 책무를 고른 것이다. **토니 모리슨**

악

악은 평범하며 언제나 사람의 모습을 하고 있다.
우리와 함께 잠자고 우리와 함께 밥을 먹는다. – **위스턴 휴 오든**

- 다수의 악덕을 사람들은 미덕이라 부른다. **장 주네**
- 위대한 자의 악덕을 사람들은 유별난 태도라 부른다. **프리들 보이텔로그**
- 대부분의 사람들은 악행이 자신을 힘들게 하면 그제야 악행을 그만둔다. **써머셋 모옴**
- 우리가 비용을 댈 수 없는 쾌락을 악덕이라 부르고, 우리가 벗어나려고 시도할 수 없는 시도를 미덕이라 부른다. **헨리 밀러**
- 진짜 사악한 모든 것은 무지로부터 출발한다. **어니스트 헤밍웨이**

정의

정의는

국가가 어느 정도 부패한 상태에서

성실함, 납세 그리고 개인적인 봉사를 한 시민에게

보상으로 판매하는 일용품이다. **- 엠브로즈 비어스**

- 정의란 공정한 배분을 의미한다. 좋은 것을 자신에겐 적게, 다른 사람에게는 많게 배분하는 것이다. 또 좋지 않은 것을 자신에게 많이, 다른 사람에게는 적게 배분하는 것이 정의라고 한다. **오가와 히토시**

지혜

말의 힘

말을 하기 전까지는 아무 일도 일어나지 않는다.
모든 것이 우리 입에서 나오는 말에 달렸다.
우리가 인생에서 바라는 모든 것이
우리가 무슨 말을 어떻게 하느냐에
달려 있는 것이다. **–로버트 제누아**

• 예감은 그대로 결과가 된다. 예지능력은 결과를 만들어낸다. 어떤 분야에서건 마지막 승자가 된 사람들은 운의 법칙을 현명하게 활용하는 법을 알고 있다. 그들은 한숨이나 부정적인 생각 대신 '나는 된다', '나는 운이 좋다', '나는 할 수 있다'라는 예감을 달고 다닌다.
나시다 후미오

사람들은

생각한 대로 살지 않으면

사는 대로 생각한다. – **폴 발레리**

- 우리에게 가장 큰 피해를 끼친 말은 바로 '지금껏 항상 그렇게 해왔어'라는 말이다. **그레이스 머레이 호퍼**
- '할 수 없다'와 '하지 않겠다'는 같은 뜻이다. **테드 윌리**
- '좋은 말'은 당신을 새로 태어나게 한다. **나카타니 아키히로**

말과 침묵

낮은 목소리로 말하고,
천천히 말하고,
너무 많이 말하지 말라. – **존 웨인**

- 현자는 말해야 할 무언가가 있기 때문에 말하고, 바보는 뭐든 말해야 하기 때문에 말한다. **플라톤**
- listen(듣다)은 silent(조용한)와 똑같은 철자로 이루어져 있다. **알프레드 브렌들**
- 말은 날개를 가지지만 생각하는 곳으로 날아가지는 않는다. **조지 엘리엇**
- 내가 한 말을 곱씹어보면 차라리 말을 못하는 사람들이 부럽다. **세네카**
- 보이는 것보다 많이 가지고, 아는 것보다 적게 말하라. **윌리엄 셰익스피어**

내가 한 말에 대해서는 종종 후회하지만
침묵한 것을 후회한 적은 없다. – **페블릴리우스 시루스**

- 어리석은 자는 침묵한다. 할 말이 없기 때문이다. 현명한 자 역시 침묵한다. 할 말이 너무나 많기 때문이다. **엘리 위젤**
- 침묵보다 나은 말을 할 자신이 없으면 침묵하라. **디오니시우스**
- 마음에 없는 말을 하는 것보다는 오히려 침묵을 지키는 것이 더 유리하다. **미셸 몽테뉴**
- 인간에게 혀를 다스리는 일보다 어려운 일은 없다. **바뤼흐 스피노자**
- 당신이 옳다면 조용히 있으라. **디크샤 조지**
- 침묵은 경멸을 나타내는 가장 완벽한 표현이다. **조지 버나드 쇼**

긍정과 부정

나로 말할 것 같으면 긍정주의자인데,
다른 주의자가 돼 봤자
별 쓸모가 없는 것 같기 때문이다. – **윈스턴 처칠**

- 가슴 깊은 신념에서 말하는 '아니오'는 그저 다른 이를 기쁘게 하거나 위기를 모면하기 위해 말하는 '예'보다 더 낫고 위대하다. **마하트마 간디**
- 긍정적인 태도는 강력한 힘을 갖는다. 그 어느 것도 그것을 막을 수 없다. **메들렌 랭글**

낙관과 비관

젊은 비관주의자도 가관이지만,

그보다 더 비극적인 건 늙은 낙관주의자다. **- 마크 트웨인**

- 낙관주의자는 모든 문제에서 기회를 발견하고, 비관주의자는 모든 기회에서 문제를 발견한다. **엘프리다 뮐러-카인츠**
- 낙관주의자는 장미에서 꽃을 보고, 비관주의자는 장미에서 가시만 본다. **칼린 지브란**

경험

경험은 엄한 스승이다.

먼저 시험에 들게 하고,

그 후에 교훈을 주기 때문이다. **– 버논 샌더스 로**

- 수업료가 꽤 비싸긴 해도, 경험은 최고의 교사다. **토머스 칼라일**
- 일이 쉬워지는 것은 그 자체가 쉬워져서가 아니라, 그 일을 수행하는 우리의 능력이 향상됐기 때문이다. **랄프 월도 에머슨**
- 서투르다는 말을 언제까지나 듣고 사는 사람은 없다. 서투른 경험이 쌓이고 쌓이다 보면 능숙해진다. **니카타니 아키히로**

지식과 지혜

많은 공부와 지식이
곧 지혜로 연결되는 것은 아니다. **– 헤라클레이토스**

- 그 누구도 혼자서는 지혜로울 수 없다. **플라우투스**
- 재물욕과 마찬가지로 지식욕은 지식을 습득할수록 커진다. **로렌스 스턴**
- 신은 일하는 자에게 지식을, 위험을 무릅쓰는 자에게 명예를 준다. **아랍 속담**
- 사랑이 주는 영감을 받고 지식에 이끌리는 삶이 좋은 삶이다. **버트란트 러셀**

지식은 말하지만

지혜는 듣는다. – **지미 헨드릭스**

- 절대로 지식을 지혜로 착각하지 말라. 지식은 호구지책(糊口之策)이요, 지혜는 인생지책이다. **샌드라 캐리어**
- 어리석은 사람은 밖으로 드러나 보이는 자신의 외모를 자랑하지만, 지혜로운 사람은 본성에 더욱 신경을 쓴다. **발타사르 그라시안**
- 빨리 현명해지거라. 마흔 살에도 바보면 진짜 바보다. **에드워드 영**

자신의 마음을 읽는 법을 알 때,

다른 사람의 마음에 있는 지혜를 얻을 것이다. -드니 디드로

- 모든 인간의 지혜는 두 단어로 요약할 수 있다. 기다림과 희망이다. **알렉상드르 뒤마**
- 지혜란 우리가 얻어야 할 어떤 것이 아니다. 지혜란 우리 자신이 점차 그렇게 되어야 하는 어떤 것이다. **레이첼 나오미 레멘**
- 지혜를 이해하려면 지혜가 있어야 한다. 제아무리 훌륭한 음악이라지만 청중이 귀머거리라면 무슨 가치가 있겠는가. **월터 리프먼**
- 가장 명백한 지혜의 징표는 항상 유쾌하게 사는 것이다. **미셸 몽테뉴**

무지

우리의 지식은 유한할 수밖에 없지만,
우리의 무지는 필연적으로 무한하다. **-칼 포퍼**

- 모든 논쟁의 뒤에는 누군가의 무지가 있다. **루이스 브랜다이스**
- 모든 개인은 모두 무지하다는 사실을 당신은 아는가? 다만 주제만 다를 뿐이다. **빌 로저스**
- 지식보다는 무지가 자신감이라는 자식을 더 많이 낳는다. **찰스 다윈**

겸손과 친절

타인에게 친절하라.

그대가 만나는 모든 사람들은

지금 그들의 삶에서 아주 힘겨운 싸움을 하고 있기 때문에.

– **플라톤**

- 겸손은 윗사람에게는 의무, 나와 동등한 사람에게는 예의, 아랫사람에게는 기품이다. **벤자민 프랭클린**
- 머리를 너무 높이 들지 마라. 모든 입구는 낮은 법이다. **영국 속담**
- 친절한 말은 짧고 하기 쉽지만, 그 울림은 참으로 무궁무진하다. **마더 데레사**

웃음과 미소

기쁨은 웃음의 원천이지만
때로는 웃음이 기쁨의 원천이기도 하다. – **틱낫한**

- 웃음은 나를 위한 것이지만 미소는 상대방을 위한 배려이다. **금언**
- 좋은 웃음은 집안의 태양이다. **윌리엄 새커리**
- 웃음없는 하루는 낭비한 하루다. **찰리 채플린**
- 웃어라, 온 세상이 너와 함께 웃을 것이다. 울어라, 너 혼자 울 것이다. **엘라 휠러 윌콕스**

우리는 행복하기 때문에 웃는 것이 아니고,

웃기 때문에 행복하다. **- 윌리엄 제임스**

- 나는 내가 얼마나 잘 웃는가로, 인생을 얼마나 잘 살고 있는지 스스로 평가한다. **스티브 워즈니악**
- 걱정거리를 두고 웃는 법을 배우지 못하면 나이가 들었을 때 웃을 일이 전혀 없을 것이다. **애드가 왓슨 하우**
- 무엇을 보고 웃느냐 하는 것만큼 사람의 인격을 잘 드러내 주는 것도 없다. **요한 볼프강 폰 괴테**

장점과 단점

다른 사람의 결점 따위가
내 눈에 선명히 들어오는 이유는
애당초 나에게도
같은 결점이 있기 때문이다. **-쥘 르나르**

- 내 경험으로 미루어 보건대, 단점이 없는 사람은 장점도 거의 없다. **에이브러햄 링컨**
- 잘못은 따로 있는 게 아니다. 같은 잘못을 되풀이하는 것, 그것이 바로 잘못이다. **알렉산드르 푸슈킨**

게으름과 부지런함

게으름은 즐겁지만 괴로운 상태다.
우리는 행복해지기 위해
무엇인가 하고 있어야 한다. – **마하트마 간디**

- 게으름은 지치기도 전에 쉬는 버릇에 불과하다. **쥘 르나르**
- 모든 죄악의 근본은 조바심과 게으름이다. **프란츠 카프카**
- 당신의 게으름을 벌주기 위해 타인의 성공이 만들어졌다. **쥘 르나르**

가난과 부유함

진정으로 가난한 사람은
적게 가지고 있는 사람이 아니라
더 많은 것을 갈망하는 사람이다. – **세네카**

- 가난은 결코 불명예스러운 것이 아니다. 문제는 가난의 원인이다. 나태, 고집, 어리석음, 이 세 가지 중 하나가 가난의 결과라면 그 가난은 진실로 수치로 여겨야 한다. **플루타르크**
- 빈곤한 사람이 불편한 점은 끊임없이 참아야 한다는 것이다. **임마누엘 칸트**
- 부자는 결코 천당에 들어가지 못하겠지만 가난한 사람은 이미 지옥을 체험하고 있다. **윌리엄 체이스**

유혹과 의심

유혹을 어떻게 피할지 걱정마라.

나이가 들면 유혹이 당신을 피할 것이다. **- 조이 애덤스**

• 의심은 실패보다 더 많은 꿈을 죽인다. **수지 카셈**

비판과 비평

모든 언행을 칭찬하는 자보다

결점을 친절하게 말해주는 친구를 가까이하라. **– 소크라테스**

- 사람들은 자신을 꾸짖는 대신, 다른 사람을 꾸짖으려고 한다. **라 로슈푸코**
- 도와줄 마음이 있는 자만이 비판할 권리가 있다. **에이브러햄 링컨**
- 비평은 매우 적은 비용으로 영향력 있고 유명해질 수 있는 하나의 공부이다. **사무엘 존슨**
- 대부분의 비평가들은 자신이 이해하지 못한 것을 기억하고 비평한다. **조지 모어**

변명과 이유

변명을 잘하는 자는

다른 어떤 것도 잘할 수 없다. **– 벤자민 프랭클린**

- 딱히 어떤 이유가 없는 자는 백 가지 변명을 들이댄다. **마리 폰 에브너 에셴바흐**
- 무언가를 하려는 자는 수단을 찾아내고, 아무것도 하지 않으려는 자는 변명을 찾아낸다. **아라비아 속담**
- 모든 일에는 다 이유가 있다고 생각한다. 우리가 그것을 다 이해하지는 못할 때조차. **오프라 윈프리**

의견과 반박

당신에 관한 다른 사람의 의견은
당신이 상관할 바가 아니다. – **레이첼 홀리스**

- 자신의 의견과 다수의 의견이 같을 때는 개선이 필요한 시점이다. **마크 트웨인**
- 사람은 어떤 의견이 전달되는 어조가 마음에 들지 않을 때에 그 의견에 종종 반박한다. **프리드리히 니체**

기억과 추억

인생의 12월에 6월의 장미를 만끽할 수 있도록
신은 우리에게 추억을 주셨네. – **제임스 매슈 배리**

- 기억력이 나쁜 것의 장점은 같은 일을 여러 번, 마치 처음처럼 즐길 수 있다는 것이다. **프리드리히 니체**
- 좋은 기억력의 비결은 주의를 기울이는 것이다. 어떤 대상에 대해 관심이 있어야 주의를 기울일 수 있다. 우리 마음에 깊은 인상을 남긴 것은 잊어버리기 힘들다. **트라이언 에드워즈**

비밀과 정직

만일 바람에게 비밀을 털어놓았다면
바람이 그것을 나무에게 털어놓는다고
원망해서는 안된다. – **칼린 지브란**

- 세상에서 가장 소중한 세 단어는 to be honest(정직하라)이다. 여기에 세 단어를 추가한다면 all the time(언제나)이다. **랜디 포시**
- 거짓말을 하지 않는다고 해서, 그 상태가 바로 정직하다는 의미는 아니다. **아르투어 슈니츨러**
- 정직은 환상도 없고 행동력도 없는 사람들의 도피처이다. **앙리 드 몽테를랑**

시작과 끝

왜 시작했는지 기억하라. – **랠프 마스턴**

- 남자는 시작할 때 이미 끝을 생각한다. 여자는 끝났을 때 처음 시작한 때를 기억한다. **미셸린 프레슬**
- 석양은 마지막도 아름다울 수 있다는 증거다. **보 태플린**

똑똑함과 천재

나는 똑똑한 것이 아니라
단지 문제를 더 오래 연구할 뿐이다. – 알버트 아인슈타인

- 지나치게 똑똑하면 스스로 앞길을 막게 된다. **제니퍼 J. 프리먼**
- 재능은 일을 하고 천재는 창조를 한다. **로베르트 슈만**

사소함

인생의 소소한 측면을 즐겨라.
언젠가 뒤를 돌아봤을 때
그것들이 소중한 일이었다는 걸
깨닫게 될 것이다. – **커트 보니것**

- 우리는 손길, 미소, 따뜻한 말 한마디, 경청하는 귀, 진솔한 칭찬, 사소한 애정 표현의 위력을 과소평가하기 일쑤지만, 이 모든 것은 인생을 180도 바꿔놓을 잠재력이 있다. **레오 버스카글리아**
- 가장 조심할 것은 사소한 감정을 처리하는 방법이다. 사소한 일은 계속해서 발생하며, 그것이 큰 불행으로 발전하는 일이 적지 않기 때문이다. **알랭 드 보통**

세상살이

역사

일부 사람을 영원히 속일 수 있고

모든 사람을 잠시 속일 수 있지만,

모든 사람을 영원히 속일 수 없다. **– 에이브러햄 링컨**

- 인간은 역사의 교훈으로부터 별로 배우지 않는다는 게 역사가 가르쳐야 할 가장 중요한 교훈이다. **올더스 헉슬리**
- 역사란 과거와 현재의 끊임없는 대화다. **E. H. 카**
- 한 사람이 잘못한 것을 모든 사람이 물어야 하고 한 시대의 실패를 다음 시대가 회복할 책임을 지는 것, 그것이 역사다. **함석헌**
- 기록되기 전에는 이미 일어난 일도 일어난 게 아니다. **버지니아 울프**
- 자신이 태어나기 전에 일어난 일에 대해 무지한 사람은 계속 어린아이로 남아 있는 것이다. **키케로**

경제

이웃이 실업자가 되면 불경기이고,
내가 실업자가 되면 불황이다. – **해리 트루먼**

- 고소득이란 내 마누라 자매의 남편보다 1년에 최소한 100달러라도 더 많은 소득을 말한다. **헨리 루이스 멘켄**
- 경제는 자신의 삶에서 최상의 것을 만들어 내는 기술이다. **게리 베커**
- 경제학이란 동일한 질문에 대하여 매년 다른 대답이 나오는 유일한 학문이다. **대니 케이**
- 경제학자는 그가 어제 예언한 것이 오늘 왜 실현되지 않았는지 내일 알아내는 전문가다. **로렌스 피터**

투자

10월은 주식투자를 하기엔 특별히 위험한 달 중 하나다. 특별히 위험한 달은 7월, 1월, 9월, 4월, 11월, 5월, 3월, 6월, 12월, 8월, 그리고 12월이다. – **마크 트웨인**

• 나는 11살 때 주식을 시작했다. 돈을 모으는 것은 눈덩이를 아래로 굴리는 것과 비슷한 면이 있다. 눈을 굴릴 때는 높은 언덕 위에서 하는 것이 중요하다. 나는 56년 짜리 언덕에서 굴렸다. **워런 버핏**

부자

왜 돈을 벌어야 하는지 더 이상 알 수 없을 때
그 사람은 부자이다. – 프랭크 시나트라

- 자신이 가진 돈을 셀 수 있는 부자는 진짜 부자가 아니다. **폴 케티**
- 돈, 칭찬, 명성에 관심이 없게 되면 성공이 정점에 다다른 것이다. **토머스 울프**
- 부자보다 가난한 자가 돈을 낭비하는 방법에 대해 더 잘 알고 있다. **아르투어 슈니츨러**

부유함은 사는 방식이자 생활하는 방식이다.
단순히 돈이나 물건이 있는 게 아니다.
가난도 생활과 사고의 방식이다.
단순히 돈이나 물건이 없는 게 아니다. **– 에릭 버터워스**

- 호주머니에 돈이 있는 사람은 현명하고 잘생긴 데다 노래도 잘한다.
  유대 속담
- 돈이 있으면 싫어하는 일을 안 해도 되는 자유가 있다. 나는 거의 모든 일을 하기 싫어하기 때문에 돈이 얼마나 편리한지 모른다.
  그루초 마르크스
- 착한 사마리아인이 단지 뜻만 좋았다면 아무도 그를 기억하지 않을 것이다. 그에겐 돈도 있었다. **마거릿 대처**

정치

정치에서 선택은

항상 나쁜 것 두 가지 중 하나를 고르는 것이다. **-존 몰리**

- 정치인들이란 어디서나 다 똑같다. 그들은 강이 없는 곳에도 다리를 놓아주겠다고 약속한다. **니키타 흐루시쵸프**
- 정치인은 자신이 하는 말을 절대 믿지 않기 때문에 남들이 자기 말을 믿으면 깜짝 놀란다. **샤를 드골**
- 정치란 비생산적이지만 조직화된 사람들이 생산적이지만 조직화되지 않은 사람을 상대로 꾸미는 음모다. **조지프 소브란**

권력

사실로 보나 경험으로 보나
권력은 쪼갤수록 무책임해진다. **- 우드로 윌슨**

- 뭔가를 두려워하면 그 뭔가가 나를 지배하게 된다. **무어인 속담**
- 사람들이 자신들의 힘을 빼앗기는 가장 흔한 이유는 자신들에게 아무런 힘이 없다고 믿는 것이다. **앨리스 워커**
- 권력의 비결은 다른 사람들이 당신보다 겁이 많다는 사실을 아는 지식이다. **루트비히 뵈르네**
- 권력은 부패하기 마련이라고 말들 하지만, 사실은 권력이 부패하기 쉬운 사람을 끌어당기는 게 진실에 더 가깝다. 건전한 사람은 보통 권력 이외의 것들에 끌린다. **데이비드 브린**
- 강자는 항상 옳고, 약자는 항상 그르다. 권력이 있는 자는 건방지고 제멋대로이기 마련이다. **노아 웹스터**

보수와 자유

자유주의자는 체포당해 본 보수주의자다. –톰 울프

- 인간의 자유는 '원하는 것을 할 수 있는 데' 있는 것이 아니라, '원하지 않는 것을 하지 않아도 되는 데' 있다. **장 자크 루소**
- 자신을 고집하지 않으면 않을수록 그만큼 자유를 가지게 된다. **레프 톨스토이**

독서와 사색

독서는 전인적인 사람을,

대화는 준비된 사람을,

글쓰기는 정확한 사람을 만든다. – **프랜시스 베이컨**

- 독서는 정신적으로 충만해지게 하고, 사색은 사려 깊은 사람을 만든다. **벤자민 프랭클린**
- 독서할 때 당신은 좋은 친구와 함께 있다. **시드니 스미스**
- 읽기와 마음의 관계는 운동과 몸의 관계와 같다. **리처드 스틸**
- 낡은 외투를 그냥 입고 새 책을 사라. **오스틴 펠프스**

독서에는 두 가지 동기가 있다.

하나는 책을 즐기는 것이다.

다른 하나는 그 책을 읽었다고

자랑할 수 있는 있다는 것이다. **- 버트란트 러셀**

- 우리는 우리가 읽은 것으로 만들어진다. **마틴 발저**
- 한 권의 책을 읽음으로써 자신의 삶에서 새 시대를 본 사람이 너무나 많다. **헨리 데이비드 소로**
- 나는 한 권의 책을 책꽂이에서 뽑아 읽었다. 그리고 그 책을 꽂아놓았다. 그러나 나는 이미 조금 전의 내가 아니다. **앙드레 지드**

예술

예술은 아는 게 아니라 느끼는 것이다.
나머지는 다 과학이다. – **버나드 베렌슨**

- 모든 예술은 자연의 모방에 불과하다. **세네카**
- 예술은 도덕과 마찬가지로 어딘가에 선을 긋는 것이다. **길버트 첼터틴**
- 시대를 앞선 예술가는 없다. 예술가는 곧 그의 시대다. 시대에 뒤떨어진 것은 예술가가 아니라 다른 사람들이다. **마사 그레이엄**
- 예술이 대중성을 띠도록 노력해서는 안 된다. 대중 스스로 예술적이 되도록 노력해야 한다. **오스카 와일드**

건강

건강은 지혜의 조건이며,

그 징후는 유쾌함이다. **-랄프 월도 에머슨**

- 건강은 모든 자유 가운데 첫 번째 것이다. **헨리 아미엘**
- 건강은 행복의 어머니이다. **프랜시스 톰슨**
- 행복의 90%는 건강에서 온다. 병든 황제보다 건강한 거지가 훨씬 더 행복한 것이다. **아르투어 쇼펜하우어**
- 병에 걸리기 전까지는 건강이 얼마나 중요한지 모른다. **토마스 풀러**
- 무엇보다도 영혼 때문에 몸을 단련할 필요가 있다. **장 자크 루소**
- 건강한 몸은 영혼의 객실, 아픈 몸은 영혼의 감옥이다. **프랜시스 베이컨**

여행

진정 무엇인가를 발견하는 여행은
새로운 풍경을 바라보는 것이 아니라
새로운 눈을 가지는 데 있다. – **마르셀 프루스트**

- 인간은 자신이 필요로 하는 것을 찾아 세계를 여행하고 집에 돌아와 그것을 발견한다. **조지 무어**
- 무슨 여행이든 마지막 시간은 너무 길다. **알프레드 폴가**
- 여행은, 모두가 어떤 곳에 대하여 틀린 상상을 하고 있었다는 것을 깨닫는 것이다. **올더스 헉슬리**

상식과 편견

상식이란 열여덟 살까지 습득한 온갖 편견들의 집합이다.

– **알버트 아인슈타인**

- 판단력은 천천히 걸어오지만 편견은 무리를 지어 달려온다. **장 자크 루소**
- 모든 사람은 자기 경험의 포로이다. 편견을 버릴 수 있는 사람은 아무도 없다. 그저 편견의 존재를 인정할 뿐이다. **에드워드 머로**

인격

칭찬받는 모습으로

그 사람의 인격을 판단할 수 있다. – 세네카

- 인격은 꿈꾸듯 쌓을 수 있는 게 아니다. 망치로 두드리고 다듬듯 꾸준히 노력해 스스로 쌓아 나가야 한다. **제임스 프루드**
- 그 사람이 인격은 그가 나누는 대화를 통해 알 수 있다. **메난드로스**
- 인간의 성숙도는 타인의 불행을 대하는 태도에서 나타난다. **줄리어스 고든**
- 사람들은 세상에 대한 자신의 견해가 본인의 인격을 드러낸다는 사실을 잘 알지 못하는 것 같다. **랄프 월도 에머슨**

명성, 명예와 평판

명성이 얻는 것이라면 명예는 지키는 것이다 **– 아르투어 쇼펜하우어**

- 뭔가를 받았다고 명예롭게 된 사람은 없다. 명예는 뭔가를 줌으로써 받는 보상이다. **존 캘빈 쿨리지**
- 우리는 서로 배울 때 지혜로워지고, 충동을 억제할 때 강해지며, 남에게 명예를 줄 때 명예로워진다. **마크 데이비드 핑컬**
- 수치스러움 없는 명예는 없다. **아프리카 속담**
- 명예를 신중히 거절하면 종종 더 큰 영광으로 돌아온다. **티투스 리비우스**
- 명성은, 보통 명성 이외의 것에 대해 생각하는 사람들을 찾아간다. **올리브 홈스 2세**

평판은 남이 아는 당신 모습이다.

명예는 당신 자신이 아는 스스로의 모습이다. – 로이스 맥마스터 부욜

- 절대로 남에 대하여 부정적인 말을 하지 말라. 그것은 그 사람의 평판뿐 아니라 당신의 평판도 깎아내릴 것이다. **브라이언 코슬로우**
- 어느 날 아침에 일어나 보니 유명해져 있었다. **조지 바이런**
- 명성은 사람들이 어리숙하다는 증거다. **랄프 월도 에머슨**
- 이 세상에서 가장 명예롭게 사는 방법은 우리가 시늉만 내는 것을 실행하는 것이다. **소크라테스**
- 명성이란 새로운 인물에 대한 오해의 총합이다. **라이너 마리아 릴케**
- 현명한 사람도 명성에 대한 사랑은 맨 마지막에 버린다. **타키투스**

교육

교육이란 알지 못하는 것을 가르치는 것이 아니라
행동하지 않는 사람에게 행동하게끔 가르치는 것이다. **– 마크 트웨인**

- 교육은 신사를 만들기 시작하고, 대화는 신사를 완성시킨다. **토마스 플러**
- 교육의 최고 성과는 관용이다. **헬렌 켈러**
- 교육의 위대한 목표는 앎이 아니라 행동이다. **허버트 스펜스**
- 지혜는 학교에서 배우는 것이 아니라 평생 노력해 얻는 것이다. **알버트 아인슈타인**

전쟁과 평화

모든 전쟁은 말도 안돼는 핑계로 시작했다가,

그럴싸한 이유를 들어서 계속하다가,

온갖 거짓 변명을 둘러대면서 끝을 맺는다. **– 아르투어 슈니츨러**

- 전쟁은 평화를 위해 투쟁하는 곳이면 어디든 있다. **엘라자 베뇨예츠**
- 처음에 전쟁은, 우리는 더 나아질 것이라는 희망과 적은 더 나빠질 것이라는 기대감으로 시작하지만 결국 모두 나빠졌다는 결과에 당황한다. **칼 크라우스**
- 당신이 평화를 주는 경우에 한해서 평화를 가질 수 있다. **마리 폰 에브너 에센바흐**
- 평화는 우리 마음이 하늘처럼 열리고 바다처럼 넓을 때 찾아온다. **잭 콘필드**

문제와 해답

모든 인간의 문제에는
깔끔하고 간단한 해답이 있지만
그 답은 항상 그르다. – **헨리 루이스 멘켄**

- 해답은 문제에 내재돼 있다. **밀턴 카첼라스**
- 어떤 문제든 해결하려면 스스로에게 세 가지 질문을 해야 한다. 첫째, 나는 무엇을 할 수 있는가. 둘째, 무엇을 읽을 수 있는가. 셋째, 누구에게 물을 수 있는가. **짐 론**
- 가장 중대한 인생의 문제들은 근본적으로 해결이 불가능하다. 그런 문제들은 절대 해결할 수 없으며 다만 성숙하게 됨에 따라 털어낼 수 있다. **칼 융**
- 인생은 해결해야 할 문제가 아니라 경험해야 할 현실이다. **쇠렌 키르케고르**
- 그들은 해답을 보지 못하는 것이 아니라 문제를 보지 못한다. **길버트 키스 체스터턴**

문화

문화란 세상에 나온 최고의 말과 사상에 관한 것이다. **– 매슈 아널드**

- 문화는 모든 사람의 능력을 더 강하고 더 크게 만들 수 있다. **존 애벗**
- 기업의 문화는 나라의 문화와 같다. 문화를 절대 바꾸려 하지 말아야 한다. 이미 가지고 있는 문화의 활용을 시도해야 한다. **피터 드러커**
- 다문화주의를 한마디로 요약하자면 서구 문화를 제외한 세계의 모든 문화를 찬양할 수 있고, 서구 문화를 제외한 세계의 어떤 문화도 비난할 수 없다는 것이다. **토머스 소웰**

협상

풀 수 있는 매듭을 자르지 마라. **– 조제프 주베르**

- 절대 두려움 속에 협상하지 말고, 협상하는 것을 절대 두려워하지 말라. **존 F. 케네디**
- 비즈니스에서 오가는 말 중 가장 위험한 말은 '아니오'다. 두 번째로 위험한 말은 '예'다. 둘 다 피하는 게 가능하다. **로이스 와이즈**
- 이상으로 시작해 서로에게 이득이 되는 합의로 마무리하라. **카를 알브레히트**

상대편이 생각하는 이익이 무엇인지 알아내는 것을 최우선으로 삼아라. – 하비 로빈스

- 상대편에 대해서 항상 알아보라. 모르는 대상과는 절대 협상하지 말라. **소머스 화이트**
- 비즈니스에서는 여러분의 값어치만큼 얻는 게 아니라 여러분이 협상한 만큼 얻는다. **체스터 L. 캐러스**
- 분노는 효과적인 협상 도구가 될 수 있다. 분노가 나를 화나게 하는 상대방에 대한 반응이 아니라 계산된 행동일 때에만 그렇다. **마크 메코맥**

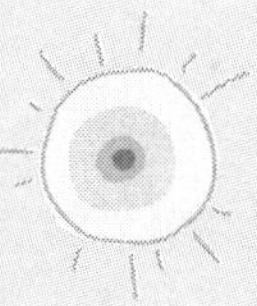

행복한 사람

현명한 사람

가장 현명한 사람은
자기 자신을 알 수 있는 사람이다. – **제프리 초서**

- 모든 이들로부터 사랑을 받는 사람은 누구냐, 남을 칭찬할 줄 아는 사람이다. **탈무드**
- 고통은 인간을 생각하게 만든다. 사고는 인간을 현명하게 만든다. 지혜는 인간을 견딜 만한 것으로 만든다. **J. 패트릭**
- 귀로는 남의 그릇됨을 듣지 말라. 눈으로는 남의 단점을 보지 말라. 입으로는 남의 허물을 말하지 말라. **명심보감**
- 다음 네 가지는 결코 돌아오지 않는다. 입 밖에 낸 말, 쏴 버린 화살, 흘러간 세월, 놓쳐 버린 기회. **우마르 1세**

위대한 사람

말이 생각이 되고,

생각은 행동이 되고,

행동은 습관이 되고,

습관은 가치관이 되고,

가치관은 당신의 운명이 된다. – **마하트마 간디**

- 우리 모두가 영웅이 될 수 없다. 왜냐하면 영웅이 지나갈 때 박수를 쳐 주어야 할 사람도 있어야 하기 때문에. **빌 로저스**
- 당신은 이미 위대해 지기 위해 필요한 조건들을 다 가지고 있다. **크로우족 격언**

축복받은 사람

큰일을 이루기 위해 힘을 주십사 하나님께 기도했더니
겸손함을 배우라고 연약함을 주셨다.
많은 일을 해낼 수 있는 건강을 구했는데
보다 가치 있는 일을 하라고 병을 주셨다.
행복해지고 싶어 부유함을 구했더니
지혜로워지라고 가난을 주셨다.
세상 사람들의 칭찬을 받고자 성공을 구했더니
뽐내지 말라고 실패를 주셨다.
삶을 누릴 수 있게 모든 걸 갖게 해 달라고 기도했더니
모든 걸 누릴 수 있는 삶, 그 자체를 선물로 주셨다.
구한 것 하나도 주시지 않았지만,
내 소원 모두 들어주셨다.
나는 가장 많은 축복을 받은 사람이다.

–뉴욕대 부속병원 재활센터 벽에 걸려 있다는 글

행복한 사람

행복한 사람은
지나온 자신의 생애에서 만족한 일만 기억하는 사람들이며,
불행한 사람은
그 반대를 기억하며 사는 사람들이다. **– 하기와라 사쿠다로**

- 항상 기뻐하라. 쉬지 말고 기도하라. 범사에 감사하라. **예수**
- 당신을 만나는 모든 사람이 당신과 헤어질 때는 더 나아지고 더 행복해질 수 있도록 하라. **마더 데레사**
- 세상에서 가장 지혜로운 사람은 배우는 사람이고, 세상에서 가장 행복한 사람은 감사하며 사는 사람이다. **탈무드**

한 시간의 행복을 원한다면 (다 팽개치고) 낮잠을 자라.

하루의 행복을 원한다면 (다 팽개치고) 낚시를 하라.

한 달의 행복을 원한다면 (다 팽개치고) 여행을 가라.

1년의 행복을 원한다면 (만약 가능하다면) 결혼을 하라.

평생의 행복을 원한다면 (만사 제쳐두고) 다른 사람을 도와라.

-중국 속담

- 눈으로 남을 볼 줄 아는 사람은 훌륭한 사람이다. 그러나 귀로 남의 이야기를 들을 줄 알고 머리로 남의 행복에 대하여 생각할 줄 아는 사람은 더욱 훌륭한 사람이다. **유일한**

앎

행복하고 성공한 사람들은 다음 3가지를 갖추고 있다.

첫째, 과거에 감사하고,

둘째, 미래의 꿈을 꾸고,

셋째, 현재를 설레며 산다. **– 모치즈키 도시타카**

- '저 사람처럼 되고 싶다'라고 생각한다면 그 사람을 정말로 좋아하는 것이다. **앤디 워홀**

자세히 보아야
예쁘다

오래 보아야
사랑스럽다

너도 그렇다. 나태주, 풀꽃 · 1

이름을 알고 나면 이웃이 되고
색깔을 알고 나면 친구가 되고
모양까지 알고 나면 인연이 된다.
아, 이것은 비밀. 나태주, 풀꽃 · 2

기죽지 말고 살아봐
꽃 피워봐
참 좋아. 나태주, 풀꽃 · 3

닫는 글

사람은 자기가 보고 싶어하는 것만 보고, 자기가 듣고 싶어하는 것만 듣고, 자기가 말하고 싶어하는 것만 말한다. 그러면 내가 가장 듣고 싶어하는 말은 무얼까? 책을 읽다 적어 둔 그 말 중의 하나를 당신에게 들려주고 싶다.

당신 참 애썼다*

끝내 버티지 못할 것 같은 예감에 새벽잠을 설친 순간 기어이 이겨내며 우리 참 치열하게 달려왔고, 달려가고 있다. 목적지를 아는 사람도 있고, 하루하루 마음 다치지 않고 지나가기를 바라는 이도 있으리라.

나는 이제 안다. 견딜 수 없는 것을 견뎌야 하고 받아들일 수 없는 것들에 지쳐, 당신에게 눈물 차오르는 밤이 있음을. 나는 또 감히 안다. 당신이 무엇을 꿈꾸었고, 무엇을 잃어왔는지를. 당신의 흔들리는 그림자에 내 그림자가 겹쳐졌기에 절로 헤아려졌다. 입에서 단내가 나도록 뛰어갔지만 끝내 가 버리던 버스처럼 늘 한 발짝 차이로 우리

* 정희재, 어쩌면 내가 가장 듣고 싶어하는 말, 갤리온, 2017.

를 비껴가던 희망들. 그래도 다시 그 희망을 좇으며 우리 그렇게 살았다.

당신 이마에 손을 얹는다. 당신, 참 열심히 살았다.

내 이마에도 손을 얹어다오.

한 사람이 자신의 지문을 다른 이의 이마에 새기며 위로하는 그 순간, 중요하지 않은 것들이 모두 떨어져 나가고, 거품처럼 들끓는 욕망에 휘둘리느라 제대로 누려 보지 못한 침묵이 우리를 품어 주리라.

당신, 참 애썼다.

사느라, 살아내느라, 여기까지 오느라 애썼다.

부디 당신의 가장 행복한 시절이 아직 오지 않았기를 두 손 모아 빈다.

이제, 이 책의 마지막 장을 덮어야 하는 순간!

지금 당신이 이전보다 더 행복했으면 좋겠다.

누군가가 이런 시를 남겼다.*

춤추라, 아무도 바라보고 있지 않은 것처럼
사랑하라, 한 번도 상처받지 않은 것처럼
노래하라, 아무도 듣고 있지 않은 것처럼
일하라, 돈이 필요하지 않은 것처럼
살라, 오늘이 마지막 날인 것처럼

* 알프레드 디 수자(Alfred D. Souza)라는 시인의 시다.

사람은 마음먹기에 따라 행복하기도 하고 행복하지 않기*도 하다. 스스로 행복하지 않다고 생각하는 사람은 행복하고, 스스로 행복하다고 생각하지 않는 사람은 행복하지 않다. 아울러 오늘 행복한 사람이 내일도 행복하다. 행복을 내일로 미루지 마라. 지금 이 자리에서 행복하자! 그리고 내내 행복하자!

* 보통 사람들은 행복하지 않으면 불행하다고 하는데, 행복하지 않다고 불행한 것은 아니다. 행복과 불행 사이에는 행복하지 않음, … , 불행하지 않음 등 수만 가지 스펙트럼이 있을 수 있다.

지금 행복한가요? 행복사전

2021년 7월 20일 1판 1쇄 인쇄
2021년 7월 25일 1판 1쇄 발행

저　자 | 노현섭
발행인 | 이수영
발행처 | 도서출판 청람
서울시 마포구 독막로 288(대흥동, 세양상가 109호)
전　화 | 02)3272-2601~2
팩　스 | 02)3272-2603
이메일 | crbooks@daum.net
홈페이지 | http://www.crbooks.co.kr
등　록 | 2000년 8월 26일 제6-0509호

ISBN 978-89-5972-825-1 03800 [정가 15,000원]